# 重商主義的窘境

賴建誠著

三民叢刊 51

三民書局印行

## 重商主義的窘境

### 評論

## 書　評

# 評論

# 文化因素與經濟現象

最近常見到的一個命題，就是戰後亞洲幾個新興工業化國家，正好都是儒家文化被及之處，所以經濟發展（成長）與儒家文化的關係，就被串連起來了。

對此命題，筆者直覺想問：淵源流長的儒家文化（廣義的），若能解釋戰後亞洲（尤其是臺灣）的經濟快速成長，那麼又怎麼去解釋一九四五年之前，亞洲（中國）地區長期、普遍的經濟落後？

這個問題，也同樣的可以用在：若儒家思想對（中國）商人的道德、行爲規範，有積極、正面的「督正」作用，那麼，爲什麼以儒家精神爲主流的臺灣（至少正規教育是如此），平均的說來，商業道德反而不及非以人文道德精神爲國家精神的西方先進國家？例了很多：仿冒、商業秩序等等都是。

文史哲學界的人，常用形而上的文化因素，去解釋激烈競爭、無情淘汰的經濟現象。有許多簡明可見的現象，常被這些精緻的文化解釋過度複雜化了。我的主要論點是：經濟因素，或甚至地理因素，才是解釋經濟現象的關鍵；文化因素，是在經濟強盛後，才「事後的」有解釋的可能，而且所能解釋的百分比也不會高。

這種說法，馬上會有人反問：比如，制度性的因素，它是廣義的文化因素之一。以中國爲例，中國歷代中央政府權力、控制力甚強，使得中國商人，不能像歐洲商人一樣，有較大的發展自由度。

我也可以舉個反論。假如新大陸是中國人發現的，亞、非、拉丁美洲的殖民地也由中國政府拓殖，工業革命也發生在中國，那麼，中國必是世界經濟強國之一。就算中國仍是君主集權，法家思想是國家思想的主流，這些文化因素，對中國經濟的決定力，絕對比不上工業革命、新大陸、殖民地之中的任一項。

西方的資本主義，在十八、九世紀的擴盛，是殖民地市場的開拓，所引起的「需要」，創造了資本主義的「供給」；而絕不是基督新教、勤奮、積極創業的「供給」，創造了殖民地開拓的「需要」。

今天有許多人談基督新教的倫理與近代「理性」資本主義的關係，是因爲今日的資本主義正是經濟強盛的代名詞。這種把經濟強盛和文化、宗教因素連結在一起的因果分析方式，在推理上是可商榷的。

我們把時間倒退二千年來看，比如，西班牙在地中海區也曾是經濟強者，阿拉伯人在東西貿易上也曾強盛過。後來他們沒落了，而他們的宗教、文化，仍嚴格的保留下來，尤其是回教。如果文化因素能解釋阿拉伯與西班牙曾經有過的經濟強勢，那又怎麼去解釋它們的衰落？答案還是要在經濟、地理因素上去找尋。

舉個近代的例子。比利時北部是荷蘭人種、文化，但宗教是天主教（荷蘭以基督新教爲主），南方是法國人種與文化（以天主教爲主），東部有一小部分是德國人種與文化（以基督新教爲主）。在人種、文化上，比利時至少是個三元文化的國家，各自有系統。但在宗教上，卻是天主教佔絕對優勢。也就是說，撇開當初立國時的政治妥協不說，比利時人在宗教上的認同，超越了文化、血統、語文的歧異。

二次大戰前，比利時的荷語區在文化上與經濟上都是相對的落後，法語區在文化上更有淩人的優越感；經濟上，煤、鋼鐵業也集中在法語區。戰後，法語區的礦業沒落了，鋼鐵業在國際市場上被日本、美國取代了。而荷語區有了新工業，如汽車裝配、化工業、安特衛普港的大量吞吐。荷語區的勢力因而興起，政治權力向北轉移。

在比利時的例子中，文化、宗教因素能發揮哪些作用？再以臺灣爲例，近三十年來臺灣經濟快速成長，若非國際市場的開拓成功，不管有什麼文化精神，都是不濟事的。而外國市場的開拓，是生存的驅策力大於任何動機。

把時間拉長，把不同時期曾經經濟鼎盛的區域加以綜觀歸納，我們可以得到一個結論：強盛的經濟，是文化深邃與拓展的必要條件（如戰後的美國）；而文化精緻的程度與其力量，則是襯托經濟強盛時期的充分條件（如十九世紀的西歐）。

一九八五・七・廿五《中國論壇》，二〇卷八期

# 臺灣「韋伯熱」的積極效果

最近看到一篇南方朔先生的文章，在探究臺灣人文社會學界近年來的一股「韋伯熱」。大意謂這股熱潮如同前幾次的「存在主義」熱潮、「邏輯實證論」熱潮一樣，顯露出了虛華的學風：跟著西方的流風餘沫走，但卻又草率的「借用、套用、誤用、亂用」原始學說者的觀念。

我們的人文社會學界，長久以來一直處於文化依賴者的地位，許多人在言語文字中動必稱引大師的話，以加強自信，搬出了「祖師爺」，以顯其正統，而又未能說出新義。這種風氣，確實令人扼腕氣結。但在此時此地的既定條件下，我們也可以從另一個角度，來做「同情的了解」。

南方朔的文章，借用了「語言膨脹」的觀念，來說明韋伯的原意，如何被套用、誤用、亂用。語言膨脹意指：「人類在使用語言時，經常將自己的觀念加進語言中，因而造成了語意的膨脹，代表某一觀念的語言在不斷膨脹之後，便和該語言原先承載的概念脫離。」

我覺得，語意的膨脹似乎是思想發展上必然之事。若以思想多元性的角度來看，這是一件好事。粗略的說，中國思想界相對的不發達，就是缺少了語意的膨脹，也就是思想保守、遵從權威性格的結果。傳統中國式的注解經典，大抵上有個不明文的規則，就是「傳不犯經，疏不犯注」，前人的話再錯，也不輕易改變。這種倒三角形的思想發展過程，常是愈注視界愈小，思想的僵硬與貧瘠，乃是必然之事。西方學說的演化方式，則大多是正三角形：某個思考方式開了端，各種批判、注釋、闡說大量湧至，造成了「韋伯是最不韋伯主義的韋伯」。

思想界所需要的，是沒帶上緊頭箍之前的齊天大聖。有哥白尼、伽利略、牛頓、愛因斯坦、韋伯之類的開路先鋒，接著才會有承續光大的中等知識分子，下面也才有搖旗吶喊的小知識分子，各自抓支小旗，使勁的吶喊，亂用、誤用、附會、渲染，產生了奇形怪狀的語意膨脹。南方朔的文章，就在指明這個現象。

我完全同意，但我卻認為這對臺灣狹小、中低水準的思想界來說，是個好現象，至少這些人是在觀念上努力引進。我們也許只停留在搬弄名詞的層次，但這已比那些愛挾用支離破碎外文單字而洋洋自得的，可愛、高明了一些。

在西洋人文、思想方面，臺灣有種雙重的失落。第一，就吸收的來源而言，絕大部分都是跟著英文著作（尤其是美國）跑。這一點幾乎完全是語文的障礙，而且在可預見的將來也不易改變。第二，我們只是從文字上去接觸，而對孕育出該種思潮的人文氣氛，則近乎陌生。這就像是看照片相親，或是看目錄郵購一樣，通常是會有大差距的。

戰後至今的人文思想，仍以西歐爲主要發源地。放眼看看這方面的著作，尤其從近來臺灣影印的西洋思想書籍，不脫韋伯、哈伯瑪斯、李維・史陀、傅柯（M. Foucault）、布勞岱（Braudel）等歐陸學者。這些人的學說，被英語（美國）學者介紹到他們國家，在當地也掀起「韋伯熱」、「傅柯熱」。在原理上這和臺灣的情形是相通的，只是我們又多轉了一手，並且是以「中國式」去理解「美國式」的歐陸思想。所以又經過了兩次的語意膨脹，以及雙重的「誤用、濫用」。

歐陸的學說原創者，不太對做注腳的（外國）人辯明其本意，因爲這是永遠做不完、不討好、也不必做的。近來臺灣流行的「世界體系」，主要原創者是在美國的華勒斯坦（Wallerstein），他那一套理論，是衍自法國年鑑歷史學派的主將布勞岱，語意膨脹的地方也不少，而我們在「世界體系熱潮」中，卻大都只做到了摘要的層次。要是我們在這股熱潮中，也能語意膨脹一番，那是好現象，而且應該好好鼓吹，萬一膨脹錯了，自然會有人抨擊。

鴉片戰爭後，中國引進了不少西洋學說，其中以翻譯的影響最大，嚴復等人把西洋學說譯得和先秦諸子一般，現在重讀，令人拍案叫絕。王國維也曾譏評梁啟超的《新民叢報》中，有關汗德（康德）哲學的部分，其紕繆十且八、九。對這種文化傳播中失實、語意膨脹的這種事，我們是可以理解和接受的。這種食「洋」難化，古今中外，幾乎都是必然的過程。

明白了這層道理，今日我們對西洋思想的引進，應著重在九十年前已做過的事：翻譯。但在層次上要有點不同：翻譯的人應該寫篇導讀或日本式的「解說」，說明原著在該領域的位置、其方法、範圍、作者的思路、該書特點等等。第二，要有譯注。常見迻譯的西方著作中，原文已難懂，中文更是有如天書，字句難懂之外，文理上又無法跟隨。譯者的責任是在幫助讀者減少語文隔閡上的痛苦，理想的翻譯，是在正文中求其眞，但在譯注中則不妨多多語意膨脹，用讀者可以懂的話，藉著譯者這橋梁，來接近原著的精神。譯者自己的語意膨脹，正是讀者所樂見之事，這就不再是「買辦文化」了。

這幾年來臺灣的「韋伯熱」比起嚴復、梁啟超時代的「各種熱」，層次上已高升許多。我們樂見民初對思潮熱烈之景，再度重現在臺灣。至於「誤用、亂用」式的語意膨脹，那是無可奈何必須付出的代價。

一九八五・十一・十四《中國時報・人間副刊》

# 公正分配理論

## ——經濟學家的質疑

《中國論壇》在去年（七四）二月和六月，刊出兩篇石元康先生（一九八五）介紹當前最受矚目的公正分配理論。一是洛爾斯（John Rawls）所提出，他把洛克、盧梭、康德等人所代表的傳統社會契約論，帶到較高的抽象層次，而他的理論，在本質上是康德式的（Rawls 1971: viii）。另一是諾錫克（Robert Nozick, 1974）對洛爾斯公正理論的回應，他所持的基本觀點是基於（古典）自由主義的論點，來討論哪樣的分配才是公正的，並主張國家權力最小的「最低限度國家」。

這兩派公正理論，在人文、社會科學界的各學門內，都引起相當廣泛的注意與討論。已有無數篇文章在這兩主題下，各自發揮，且有數本專書，或為導讀或相互辯證，至今已十多年仍未衰（如 Paul 1981 所輯的文集）。

本文的目的，是在「形而下」的應用層面上，驗證這兩種公正理論，尤其著重於經濟面的運用。公正理論的哲學、倫理等抽象層面，經濟學家雖也另持觀點，但因非專業領域，乃多採觀察者的立場。可是，一旦放到現實的應用層面，經濟學家，尤其是福利經濟學家，馬上就可以指出這兩種公正理論的不少漏洞。

公正理論的趨向完整，不是十幾年可達到的事，經濟學家對於分配問題，是實證分析的貢獻，大於邏輯完整性的創造——那是哲學家的領域。本文依次略述這兩種公正理論的精要，並舉例說明其缺失。第一節討論洛爾斯，第二節討論諾錫克，第三節綜論這兩種學說，並介紹經濟學者在這方面的研究文獻。

## 洛爾斯的公正理論

先解釋幾個類近而實大不同的「公正」概念。「公平」(equality) 是指每個人的所得分相同，例如一塊餅分成十等分，每人各得一分。這可以用數量方法來衡量。「公正」(equity) 是一種理想、理念式的觀念，是指「公正」的分配到「應得」的部分：能力好(廣義) 的人，分到較多。這就不一定能用數量衡量得出來。有時候「公平」也正好等於

「公正」，但大多數情形下，兩者之間畫不上等號。「公允」（fairness）所指的，是對自己所分得部分已滿足，而不羨妬他人之所得，即使自己所分得的部分，明顯的少於他人。當一種財貨是充裕而且免費時（如空氣），它的分配才同時滿足「公平」、「公正」、「公允」三種情況。

以上是我自己的定義和歸類。而洛爾斯所提的「公正理論」（A Theory of Justice），是屬於社會性的公正（Rawls 1971: 7），而這些公正的「原則」，乃取決於「公共的公正觀念」（a public conception of justice, Rawls 1971: 5）。這種社會公正理論，在本質上必是無法以數量來衡量，而且也只能憑靠「共同約定」的幾項原則（或在法律中規定，或依社會性的共識），來做爲判斷是否「公正」（justice）的標準。也就是說，justice 這個詞的涵義，是隨人文環境、時空而變動的，不屬於顛撲不破的鐵則，而是一組道德性的原則。

洛爾斯的公正理論，是承續洛克、盧梭、康德等人的社會契約論而下，其基本觀點是：社會間各成員共同遵守相互約定的社會規則，以求得個人及（或）社會之最大（共同）利益。我們日常生活中的法律、風俗等等，都是社會契約的形式，約定俗成相互遵守，不一定形諸文字。這些原理及哲學面的討論，在石元康（一九八五）、范振乾（一九八五b）文中已詳細介紹，不再贅述，以下直接進入經濟學家批評的要點。

有再好的社會保護措施，也難免會有「邊際人」存在。就算某套社會規範，確已能達到「追求最大多數人的最大福祉」，但另一些「少數人的最小福祉」，該怎麼辦？因爲，如果「依其貢獻而取得應得的報酬」，那麼，有些先天、後天不幸不適合當前環境的人，又該怎麼處理？針對著「依其貢獻而取得其應有報酬」的經濟「公正」（equity）原則，洛爾斯認爲這其實並不公允（fair）。

他因而提出一個補救的原則：提升處於最不利狀況（worst-off）的人之福祉。他這種偏向於扶助最弱者的取向，確實和其他對強者征課以減其強勢的取向大大相反。而這也是他的「公正理論」鉅著中，在實務面的具體建議。其他屬於哲學面的討論，都不如這項含有政策意味的原則有力、有創見。

洛爾斯這項原則，用經濟學的術語來說，是在使處於「最低」狀況人的效用「極大化」（maximize the minimum utility），也因而稱之爲「最小極大化準則」（maximin criterion）。若有X和Y兩組人，其人數相等，而財富分配的情形如下：

$X=\{x_1, x_2, x_3, \cdots, x_n\}$ 以及 $Y=\{y_1, y_2, y_3, \cdots, y_n\}$

其中X組財富的總和不一定和Y組相同。在下列情形下，我們說X是洛爾斯式的優越於

Y（X is Rawls superior to Y）：

$$\text{minimum}\ \{x_1, x_2, \cdots, x_n\} > \text{minimum}\ \{y_1, y_2, \cdots, y_n\}$$

這條簡單的表示式是說，如果X組員中，財富最低的一位（在此爲 $x_1$），其財富大於Y組中的 $y_1$，那麼，依洛爾斯的 maximin 準則，X優越於Y。也就是說，洛爾斯是依此項（單一）標準，來判斷哪一種分配是「公正的」。這是最單純的例子，組數可以由1到N組，而其社會公正的次序，則取決於各組中，最低收入者的相對收入之高低。

由此，我們可看出洛爾斯準則的幾個特性：

第一，這是一個平均化主義(egalitarian)的想法。因爲，如果某組中，各成員的分配完全平均的話，那麼其他任何分配，都必劣於這種完全平均分配的情形。舉例說明：有一千元分給兩人，而有X、Y、Z三種分法：X＝{500, 500}、Y＝{499, 501}、Z＝{400, 600}，那麼，只要X是均分的性質，則在可分配額固定、分配人數固定的情形下，均分的那一組（X），其最低收入者的收入（在此爲五〇〇），必大於其他種分配法中最低收入者的收入（在此爲四九九、四〇〇）。依洛爾斯準則，X優於Y和Z。所以這個準則也稱爲平均化準則。

第二個特性是，假如可分配的資源（收入）不是固定的，那麼洛爾斯準則就會出現矛盾不合理的現象。設有三種分配：X＝{500, 1000, 1500}、Y＝{100, 100, 100}、Z＝{70, 500, 1000}，依上述準則，當然是Y最好，但Y的總和只有三〇〇，X有三〇〇〇，Z有一五七〇。假定你是國家總統，洛爾斯是總理，你是依洛爾斯的策略，讓大家「均貧」呢？還是選擇「富而不均」的X？

第三，洛爾斯的方法，只能應用在單一財貨而且每人的偏好相同之情形（例如：只有貨幣，而且每個人對貨幣的偏好相同）。若有數種可分配的財貨，要同時分配給偏好各不相同的很多人，那麼，洛爾斯的原則就完全不能運用了。舉個最簡化的例子，把紅、藍、綠三種顏色的帽子，分給三個人，X組的分法是{紅，紅，紅}，Y組是{藍，藍，藍}，Z組是{綠，綠，綠}，假定帽子的品質和價格完全相同。假定第一個人的偏好是紅＞藍＞綠，第二個人是藍＞綠＞紅，第三人是綠＞紅＞藍。那麼，第一個人必會以X、Y、Z分別列爲第一、二、三優先順序；第二人必以Y、Z、X爲第一、二、三優先順序；第三人以Z、X、Y爲順序。在這種完全同樣物品、同樣價值的分配下，而只是因偏好的不同，所引起的分配公正問題，就不是洛爾斯的簡單法則所能判斷。在現實世界中，有更複雜多面的偏好，以及無法測定的效用，確實是無法用一種明確的法則來予以駕馭。

洛爾斯的公正法則，在現實的經濟分配層面上，非常的脆弱。他的專長是哲學上的抽象討論，而且書名也只是「A Theory of Justice」，而不是「The Theory of Justice」。他這套理論，一旦化成數學方式來表達，在福利經濟學家的眼中，確實過分簡單，而且它的「完整性」很成問題。

舉個簡單的例子。洛爾斯的 Maximin 準則，是要改善處於最劣境的人，使其在可達到最高限度的改善。但是，你怎麼去得知那些處於劣境人的效用有多少，他們每個人的滿足方式各又不同。你若改善了全國處於最劣況的五％人口，而使他們的生活，反而超過了原來比他們略高的五％人口，那麼，你是否要繼續施行同一原則？若不是的話，那麼，你改善他們到哪一個程度爲止？依照較「功利」的看法，在一個資源有限的醫院裏，「理性」的醫療行爲，絕不是在花大量人力物力，去挽救年老慢性病的垂危病人，他們還有更重要的事要做。挽救「邊際人」，在資源有限的情況下，其優先順序這麼高嗎？而且這竟然是一項「公正」的準則?!

再說，由上面的例子中，可看出洛爾斯的公正理論是「平均主義」（egalitarian）式的平等，因爲當各分子的分配爲絕對平均時，正是洛爾斯準則的上限。這並未考慮到「適度」的不公平，是激勵人們競爭求進的誘因；追求高純度的平等，反而是造成「實質不公平」的因素之一。

另一點是理論家所常忽略的：執行社會的公正並非不必花費成本。執行法律、反獨佔、反公共汚染、救濟貧困，在成本與效益間，仍是要有考量的。有時爲了提升最低一〇%國民的生活，所花費的總投資，可以大到讓第三世界國家的政府擔當不起。天下沒有不花代價的「公正」。

## 諾錫克的資格權理論

洛爾斯（一九七一）的書出版之前，他已在幾個主要學術期刊上，提出他那套「新契約論」的公正理論，之後才結集連貫出版成書。在他發表那些文章時，他的同事諾錫克，也提出了另一套體系的公正理論。他的出發點是十八世紀古典自由主義的「自由放任」（laissez-faire），由一隻看不見的手來自行調整到最適狀況。這是一種「消極的自由」，主張「最低限度的國家干預」。

這有別於十九世紀時的「改良自由主義」：採「積極的自由」之立場，由國家爲最大多數人謀最大的福祉，結果反而造成國家的權力擴張，這是費邊社（社會主義）的成就，但也因而遭到二十世紀自由主義者如海耶克、弗利曼（兩位經濟學諾貝爾獎得主）的抨擊。

諾錫克的公正分配理論，是說先需有「資格權」（entitled）之後，才對經濟財有（重）分配的權利。而洛爾斯則是由「社會」在某些約定（契約）的公正原則下，主動的想提高處於最劣境（worst-off）人的福利水準。而諾錫克的「資格權分配理論」，依他說，只有在「非模式化」（unpatterened）以及是有歷史過程（historical）的才算。

所謂有資格權，用我們的話來說，就是某人有權利擁有，他「配」得到。也就是說，從理性的觀點上，別人無正當理由（或法律依據），去要求再重分配他較別人多出的那一部分。非模式的分配是，例如，財富的分配，並非依各人的需要、能力、智商等等這些可以在人類社會中，列出某種分佈狀態的模式，去分配財富。也就是說，不是因某人智商高、需要大、能力強，就有權利分得較多的額分。有「歷史過程」的，譬如說，遺產的繼承者，他就沒有參與過那分財產創造累積的歷史過程，所以不合乎諾錫克的公正分配原則。但若某人第一次買彩券就中了頭獎，他不合乎「歷史過程」這原則，而這是政府發行的彩票，又是絕對合法，而且每個人都有相同的機率去買到或買不到那張頭獎券，那麼，這樣合不合乎諾錫克的公正原則呢？這種例外可以找到不少。

諾錫克也說明了兩種公正原則。一是持有的公正原則（Principle of justice in acquition)：某人若以他的努力，使從前未屬於任何人的物品，轉爲他合法的擁有，例如發明創造。二是移轉的公正原則（Principle of justice in transfer）：合法的物品擁有者，可以自願的贈與或賣給另一人，則此物品卽公正的轉讓給他人合法的持有。合乎這兩個原則，就滿足了諾錫克「公正擁有」（justice in holding）的條件。

名球員、名拳擊手等，他們的高收入，是觀眾自願付出代價去看的，而且也只有在認爲從觀看比賽所得的「報償」，大於貨幣的支出時，才會去看。選手的高收入，是因爲他們擁有引人的條件，而這些條件是他經過長期訓練所得來的，所以是合乎「歷史過程的」同時也是「非模式化的」：他是經過一番歷練、社會選擇才脫穎而出，並非天生就擁有，而且他也可能很快的就會失去這分特殊收入。此外，這種收入也合乎「持有的公正原則」和「移轉的公正原則」。

諾錫克主張，合乎「資格權」條件的人，才有資格要求重分配，而且那也才合乎「公正分配」的原則。合乎資格權的人，對自己的所有物，有絕對的自主權，也不要有類似政府等的公共力量強加於外，因爲這會破壞資格權的公正分配原則。所以他提出「最低限度國家」的原則，拒絕提供經濟分配的「社會目標」，因爲那不是最低限度國家該做的事。當然，他是反對集權主義政治和中央計畫式的經濟體系。

諾錫克主張，有特殊能力的選手有資格得到較高的收入，而且這也合乎他的公正原則。也就是說，他是一個不反對「不完全競爭」的人：有能力的人可盡力去發揮，儘量賺取他有資格得到的報酬（貨幣與非貨幣收入）。他一直沒提出，若這位有資格的人，他的能力可以擴張到當時一般人所能容忍的程度，或是某些企業家的能力，在市場競爭的時間過程中壯大了，他「有資格、有權利」的獨霸了該產業的話，在一個「最低限度國家」的情形下，又怎麼去防阻他不斷的擴張下去，以免會危害市場的必要秩序？諾錫克沒告訴我們這一點。而且，有許多事情，並不一定像球賽票一樣，可以用貨幣單位來表示。有些情況下，也很難判斷某人是否「有資格」獲得某物品或職位，就算可以判別，那又不一定是「公正的」：有些事對個人而言是公正，對團體而言是不公正的，反之亦然。

再舉個例子。上面提過，諾錫克「公正擁有原則」內說，只要合乎「持有的公正原則」和「移轉的公正原則」，就是「公正的擁有」了。現有ＡＢＣ三人，原先是Ｃ供應產品給該產業內的一位大買主Ｂ，現在生意被Ａ用「合法、合乎公正原則」的方法搶走了，而ＡＢ、ＢＣ之間的交易，完全合乎這兩項公正原則，但Ｃ確實是受了大傷害，他認爲Ａ的手法是走後門、不道德，不是公平的競爭。所以，諾錫克的公正原則，和洛爾斯的公正理論一樣，很容易找出反證。而且，這些反證的存在，並不像文法中的例外一樣，能用來肯定文法規則。

公正理論的反證，常是很麻煩的事。

## 經濟學者對兩派的看法

得過諾貝爾經濟學獎的亞羅（Kenneth Arrow），是福利經濟的主將，他的領域是以數學工具，分析經濟現象，尤重於福利經濟學。他（一九八四）的論文集中，有兩篇批評洛爾斯和諾錫克的文章，相當可以代表經濟學者，對這兩派公正分配理論的看法。

他批評洛爾斯的理論說，在實務面，洛爾斯認爲首要之務，在提升處於最劣境（worst-off）人的處境，但在資源有限且短期內固定不變的情形下，勢必得犧牲原先處境「略優」人的利益。這種「犧牲式」的公正原則，在現實世界中，是否眞的公正？另外，你怎麼去估算整個社會滿足的情形？每個人的效用、偏好又如何？人與人間之滿足的程度又怎麼去比較？這種比較有意義嗎？

在學理上，他批評洛爾斯的基本假設是：會有一種放諸四海皆準，而且具有意義的公正觀念。事實上，我們對整個世界的訊息一直都很有限度，各種文化對公正的意念、體會的方式、滿足的程度也都不同，所以公正原則絕非「穩定的」，它是會隨人文環境、時空而變。

另外，公正的執行，也不是不花成本的，有時成本高到只好讓不公正之事繼續拖延下去的程度，如臺灣的污染。

亞羅批評諾錫克的理論，說「我不相信諾錫克建立起連貫相通、支持他理論的一套論證。他基本上是靠著幾個耀眼的例子，而不是立基於任何有系統的論據。此外，也很難去為他的系統辯護。他的理論，可以被像他所舉的那些強制性例子一樣的反例駁倒。」（Arrow 1984: 175）。

本文第一節中略述了洛爾斯公正理論的精要，並舉實例來試測他的公正理論，結果是和諾錫克的理論一樣，兩者都很能找出反證來詰難。

一旦落實到現實層面，所面臨的第一號同時也是最強的批評者，就是福利經濟學家。如果我們看看另一位福利經濟學家 A. Sen 的文集（一九八二，一九八四），看看他們原著在專學期刊所發表的年分，再看他們分析的工具、方法、層次，我們可以客觀的說，社會公正分配理論的非玄想面，早已是福利經濟學家的天下了。

一九八六・二・廿五《中國論壇》，二一卷一〇期

## 參考書目

1. 石元康（一九八五a），〈自然權利、國家與公正：介紹一個極端自由主義的理論〉，《中國論壇》，第二三六期，頁五八～六二；第二三七期，頁五八～六二。

2. 石元康（一九八五b），〈從原初境況到公正社會：洛爾斯的契約論〉，《中國論壇》，第二三四期，頁五八～六二；第二三五期，頁五八～六二。

3. 范振乾（一九八五），〈約翰羅斯的正義理論〉，《思與言》，二三卷六期，頁六〇七～六二二。

4. Arrow, Kenneth (1984), *Social Choice and Justice: Collected Papers of Kenneth J. Arrow*, Vol. 1, Oxford: Basil Blackwell.

5. Oizick, Robert (1974), *Anarchy, State, and Utopia*, Oxford: Blackwell.

6. Paul, Jeffrey (1981), *Reading Nozick: Essays on Anarchy, State, and Utopia*, Totowa: Rowman and Littlefield.

7. Rawls, John (1971), *A Theory of Justice*, Harvard University Press.

8.Sen, Amartya (1982), *Choice, Welfare and Measurement*, MIT Press.

9.Sen, A. (1984), *Resources, Values and Development*, Harvard University Press.

# 對依賴理論的質疑

八月號第四期的《當代》有一篇難得的訪問錄，是由柯志明先生訪問七〇年代以來，風行一時的「世界體系」倡說者華勒斯坦（I. Wallerstein），其深入與辯詰，在中外文獻中亦屬少見。

臺灣的知識界和社會學界，對「世界體系」和「依賴理論」都投下過不少的注意力❶。我對「依賴理論」或「世界體系」，只有一個簡單的質疑：拿出證據來。絕大部分的中外文獻，屬於理論爭辯與意識型態者居多，拿實證資料來印證這些理論的只屬非常少數❷。我以臺灣近三十年來的長期時間序列資料（見附表），來說明臺灣是依賴理論的反例，進而對依賴理論的普遍適用性，提出質疑。

## 依賴理論旨要

依賴理論（dependency theory）的文獻相當龐雜，內容也迥異。老一派的較注重分析「核心國」與「邊陲國」間的國際關係，年輕一代則著重於如何去除依賴，以解決經濟落後的問題。Palma在一篇評述依賴理論的得獎作中說[3]，依賴理論因眾說紛紜，所以實在沒有統一的依賴理論，最多只能稱之為「依賴學派」。

儘管理論不太一致，但這一學派有些共同的看法：開發中的邊陲國家，其經濟成長受先進的核心國資源（包括資金、技術、設備、企業能力等等）的控制與主宰。核心國把這些資源運用於邊陲國中，進行剝削，使邊陲國的經濟發展停滯、所得分配惡化（資本家得利，工人被剝削）、市場結構更傾向獨佔化（消費者利益受損），所謂的南北互依共榮，只是個幻覺。

先來看看依賴派的觀點，所謂經濟依賴，可分為外資依賴、外援／外債依賴、技術依賴、貿易依賴四大類。經濟依賴有礙經濟成長，依賴派的看法是：

一、外資會阻礙經濟成長，因為外籍企業獲利後，會把利潤匯回本國，就地再投資的比例不大，這樣會把邊陲國「吸光」。

二、中心國把過時的技術設備轉移到邊陲國，會使之永遠成爲落後的附庸。

三、對外依賴使邊陲國立於被動之地，無法保護本國的利益與工業，導致工業化受延阻，經濟成長遲緩。

四、對外依賴易造成貿易逆差，外債增加，可投資於經濟成長的資源減少。

而所得分配所以會惡化是由於：

一、對外依賴會使某些經濟部門較發達，成長較快（視該國經濟結構而異），造成經濟部門間的差異與失衡，導致（農工）兩部門間的所得差距。

二、本土秀異分子與外國（多國籍）企業間的勾結，會增加社會階層間的所得差距，同時也會阻撓所得重分配的政策（如勞工所得法）。

三、工人階級對外籍雇主處於劣勢，導致資本家與工人階級間的所得差距。

四、農村市場被進口貨物侵入，取代了一部分原有的農村副業（如布、鞋），使農村的非農業收入減少，城鄉之間所得差距增大。

以上八點可以表示成：

㈠、（外資↑，外援與外債↑，外國技術↑，對外貿易↑）⇓國民所得↓，所得不均↑

亦即對外經濟依賴度愈高，國民所得會減低，所得不均度會增加。

另外，有少數人認爲，這也會使邊陲國家的市場結構更傾向獨佔化。理由是：

一、落後國家的工業產品市場小，廠商數少，易相互勾結，使市場的集中度高，競爭性低，經濟效益不佳。所以開發中國家的市場小，導致獨佔度高，且成惡性循環。

二、這種獨佔性高的市場結構，會成穩定狀態或甚至更惡化。這是因爲對中心國技術的依賴，會使既存獨佔的大廠商更具主宰力。因爲他們的資金、市場力量使他們更有利於獲取新技術，更造成其他廠商的進入障礙，使他們的獨佔性更高，獨佔利潤更多。

三、邊陲國的獨佔性市場結構，會阻礙經濟發展，增大所得差距。因爲獨佔廠商會傾向於對市場要求更大的利潤，同時控制產量以求最大利潤，因而損及消費者及下游廠商。

這三點可表示成：

㈡、市場規模小⇓市場集中度高＋對中心國科技依賴⇓市場獨佔更惡化⇓成長減退與所得不均

## 臺灣的史實：一九五二～一九八一

我們在附表中，用臺灣三十年來的資料，來說明臺灣對外經濟的依賴，剛好和依賴理論所預期的（見上述㈠、㈡式）相反。反而是對外依賴性愈高，經濟成長愈快，所得分配更平均化，市場的獨佔度也降低。

先看經濟成長。國民生產毛額（GNP）若以一九七六年爲一〇〇，則可明顯看出一九五二～一九八一年間GNP的增長幅度與速度。同樣的，平均每人所得的情形也類似。另一項經濟成長的指標是農業部門佔國內生產毛額比例的下跌，一九八一年時，這個比例只有八・七％，表示非農業部門（卽工業部門加服務部門）已佔絕對重要的地位。這三個指標明顯的表示，臺灣在三十年間經濟的快速成長。

再看所得分配，以兩種指標顯示。一是吉尼指數（Gini coefficient），所得分配完全平均時，此值爲〇，完全不平均時（全爲一人所獨享）爲一，通常在〇・三左右就可算是相當好的。另一項是以全國人口中，最富有的二〇％人口，其平均所得除以最窮的二〇％人口的平均所得，也就是說，在一九六三年時，臺灣最富有的五分之一人口，其平均收入是最窮五分之一人口平均收入的五・三三倍，一九八一年時是四・一七倍。當然，這是指年度所得，而不是財富總額之比，否則數字就要更高許多。

在產業經濟學中，有許多測度市場獨佔度的指標。在總體資料上，有個近似的衡量法，即是：（附加價值－薪資所得）／總生產，這是模擬 $M=(P-MC)/P$ 的近似值。這個數字由一九五二年的〇・二九到一九八一年的〇・一二，呈穩定下降，表示臺灣經濟的獨佔度逐年下降。

對外經濟依存，可用三個指標來看。最常用的是進出口佔國內生產毛額的趨勢。這兩個比例在一九五二年時分別為一四・二%和八・一%，到了一九八一年時是五二・二%和五三・四%，加起來超過一〇〇%。也就是說，臺灣進出口值總額，超過國內生產毛額，這個對外依賴度夠高了。外資佔國內資本形成毛額的比例，都在一〇%以內浮動，不算很重要。

從〈表一〉得到的綜合印象，是臺灣三十年來的對外依賴度持續提高，而經濟成長、所得分配、市場獨佔力等等的變動方向，卻和依賴理論的預期相反。臺灣的情形，我相信不是唯一對依賴理論的反證，將來更多其他國家的實證研究出現後，這個理論會受到更大的考驗。

表一　臺灣的經濟成長、所得平均度、市場獨佔度、對外依存度：一九五二～一九八一

| | 經濟成長 | | | 所得平均度 | | 市場獨佔度 | 對外依存度 | | |
|---|---|---|---|---|---|---|---|---|---|
| | 國民生產毛額指數（一九七六—一〇〇） | 平均每人所得指數（一九七六—一〇〇） | 農業佔國內生產額的比例% | 吉尼係數 | 最富二〇%與最窮二〇%之比 | 佔度 | 進口佔GNP% | 出口佔GNP% | 外資佔資本總額% |
| 一九五二 | 一三・一 | 二四・七 | 三五・九 | | | ・二九 | 一四・二 | 八・一 | 〇・四 |
| 一九五三 | 一四・四 | 二六・一 | 三八・三 | | | ・三〇 | 一三・八 | 八・六 | 一・八 |
| 一九五四 | 一五・六 | 二七・六 | 三一・七 | ・五五八〇 | | ・二七 | 一四・九 | 六・五 | 〇・九 |
| 一九五五 | 一六・九 | 二八・八 | 三二・九 | | | ・二七 | 一二・六 | 八・三 | 一・八 |
| 一九五六 | 一七・七 | 二九・三 | 三一・六 | | | ・二五 | 一六・〇 | 九・一 | 一・三 |
| 一九五七 | 一九・九 | 三〇・五 | 三一・七 | | | ・二五 | 一四・七 | 九・六 | 〇・五 |
| 一九五八 | 二〇・三 | 三一・五 | 三一・〇 | | | ・二五 | 一六・七 | 一〇・三 | 〇・六 |
| 一九五九 | 二一・八 | 三二・八 | 三〇・四 | ・四四〇〇 | | ・二五 | 二〇・八 | 一二・五 | 〇・四 |
| 一九六〇 | 二三・一 | 三三・九 | 三二・八 | | | ・二五 | 一八・九 | 一一・三 | 四・四 |
| 一九六一 | 二四・六 | 三五・〇 | 三一・四 | | | ・二五 | 二〇・九 | 一三・八 | 四・一 |
| 一九六二 | 二六・八 | 三六・七 | 二九・二 | | | ・二四 | 一八・八 | 一三・四 | 一・四 |
| 一九六三 | 三〇・〇 | 三九・〇 | 二六・七 | | | ・二五 | 一八・九 | 一七・八 | 四・七 |
| 一九六四 | 三四・四 | 四二・五 | 二八・二 | ・三二〇八 | 五・三三 | ・二四 | 一八・七 | 一九・五 | 四・一 |
| 一九六五 | 三六・六 | 四五・九 | 二七・三 | | | ・二三 | 二一・七 | 一八・七 | 六・四 |
| 一九六六 | 四三・〇 | 四八・七 | 二六・二 | ・三二二六 | 五・二五 | ・二二 | 二〇・九 | 二一・一 | 四・一 |

| | | | | | | | | | |
|---|---|---|---|---|---|---|---|---|---|
| 一九六七 | 四四.四 | 五二.五 | 二三.八 | | | .二〇 | 二一.七 | 二一.七 | 六.四 |
| 一九六八 | 四八.五 | 五五.九 | 二二.〇 | .三二六〇 | 五.二八 | .一九 | 二六.七 | 二三.九 | 八.四 |
| 一九六九 | 五三.五 | 五九.六 | 一八.八 | | | .一八 | 二七.〇 | 二六.三 | 九.一 |
| 一九七〇 | 五九.七 | 六四.九 | 一七.九 | .二九二八 | 四.五八 | .一八 | 二九.七 | 二九.七 | 九.六 |
| 一九七一 | 六七.二 | 七一.八 | 一四.九 | | | .一七 | 三二.五 | 三五.〇 | 九.四 |
| 一九七二 | 七六.二 | 七九.九 | 一四.一 | .二八九七 | 四.四九 | .一七 | 三五.五 | 四一.八 | 六.二 |
| 一九七三 | 八四.九 | 八八.五 | 一四.一 | | | .一六 | 四一.五 | 四六.八 | 七.九 |
| 一九七四 | 八三.〇 | 八七.九 | 一四.五 | .二九九六 | 四.三七 | .一五 | 五一.五 | 四三.七 | 三.三 |
| 一九七五 | 八六.五 | 八九.九 | 一四.九 | | | .一四 | 四二.六 | 三九.三 | 二.五 |
| 一九七六 | 一〇〇.〇 | 一〇〇.〇 | 一三.四 | .二八九四 | 四.一八 | .一四 | 四五.一 | 四七.四 | 二.五 |
| 一九七七 | 一〇九.七 | 一〇七.七 | 一二.五 | | | .一三 | 四四.二 | 四九.二 | 二.七 |
| 一九七八 | 一二二.九 | 一二〇.三 | 一一.三 | .二八八七 | 四.三四 | .一三 | 四六.三 | 五三.〇 | 二.八 |
| 一九七九 | 一三二.〇 | 一二七.五 | 一〇.四 | | | .一三 | 五三.〇 | 五三.九 | |
| 一九八〇 | 一三六.六 | 一三三.四 | 九.三 | | 四.一七 | .一二 | 五五.一 | 五三.七 | 三.四 |
| 一九八一 | 一四三.八 | 一三八.二 | 八.七 | | | .一二 | 五二.二 | 五三.四 | 三.〇 |

說明：除了獨佔度與吉尼係數外，大都可在經建會出版的 *Taiwan Statistical Data Book* 中找到。

本表各項的意義參見文中說明，在此不詳列各項資料來源出處。

## 對依賴理論的質疑

依賴理論的起源，在《當代》第四期中已有詳述，在此不擬重複。我的看法是，依賴理論派，把世界一刀切劃成核心——邊陲兩種關係，是很受馬克思派的二分法（資產階級——無產階級）的影響。以二分法（就算其中也有過渡型態）來詮釋這個複雜的眞實世界，很明顯的是過度簡化了。

若依照依賴理論的看法，說邊陲國對中心國的依賴，會導致經濟衰退、所得不均、市場獨佔化，那麼，這是不是意味著：如果一個落後的邊陲國，想要快速發展經濟、減低所得差距，那最好關閉起來，不與（核心）外國的經濟發生關係？依賴理論的邏輯，似乎有此意味。以下分別就一、依賴與經濟成長，二、依賴與所得不均，來對依賴理論的說法提出質疑。此外，對於依賴理論認爲依賴經濟體系內的市場結構會更獨佔化的反駁，因涉及較複雜的產業經濟學專業論證，在此從略。

## 一、依賴與經濟成長

依賴派的基本論點，認爲中心國以多國籍企業或其他形式在邊陲國投資，吸取利益，使當地國更貧困化。我們可以反問：若資本主義的核心國，在歷史上未曾到過落後國家去發展、「剝削」，那麼，這些低度經濟開發的國家（如中國、印度、非洲國家），是否會比今天更好？換另一個問法：核心國資本主義的拓展，難道沒有刺激這些落後地區緩慢、靜態發展的步伐，幫助他們開發之功？侯繼明教授的研究指出❹，在鴉片戰爭到中日之戰期間，外國資本主義在華的投資，是有利於中國經濟發展的。若以民族感情或特意擴大某些受損部門的情形，很容易就陷入以意識型態爲主，以邏輯推理代替實證研究的依賴派思路裏去。

此外，依賴派的觀點通常都是兩人零合式的（two-person zero-sum）：邊陲國之失，成爲核心國之利，或核心國之利，得之於邊陲國之失。現實複雜的世界是個多人非零合（N-person non-zero sum）的開放體系，國際舞臺上的利益，並非是正好對消的，互利是可能的，而且也較屬常態。邊陲國在責怪核心國的「剝削」之前，最好先反省自己不強的結構性原因。歷史上有例子可證明，外國的「剝削」可以是刺激發展的良好觸媒。正如雷蒙・阿宏（Raymond Aron）所言：「某國之發展，不是另一國落後之原因與條件。」[5]

邊陲國之所以感覺受到剝削，是因爲核心國在邊陲國內所創的經濟成果，雙方因分配不均所引起的反感，而不是邊陲國受到絕對「數額」上的損失。依賴理論派對核心國資本主義的行爲是愛恨相交的：必要的惡魔。

## 二、依賴與所得分配

若說減少對核心國的依存，可以顯著的減少所得差距，那是很難讓人信服的事。對外經濟依存，只能解釋很少一部分：外國經濟侵入本國現代部門，會引起傳統與現代部門間的所得差距。但這個命題很難數量化的驗證。所得不均是個複雜的歷史、社會、經濟體制的內部問題，像臺灣這麼高度對外依賴的經濟，實在看不出減低對外依賴會有助於平均化。相反的，臺灣所得分配之所以平均，須歸大功於對國外經濟的依賴：國外市場的需求給國內農村剩餘的勞動力，提供就業機會，這樣一方面減少農村多餘的勞力，同時也減緩了城市與農村間的所得差距。

## 三、結　論

依上所述，可以歸納成下列幾點結論：

㈠、經濟成長緩慢與經濟依賴可以是獨立的兩件事，前者並不一定是後者所引起的結果。

㈡、所得不均基本上是內部社會、制度等歷史結構所引起的，與經濟依賴的關連不大。

㈢、經濟依賴的邊陲國，視其如何運用核心國的資源，而得到迥異之經濟成果。經濟停滯與所得不均之因，應多歸咎於資源無效率誤用的部分，大於可歸咎於資源本身及其供應者（核心國）的部分。

㈣、「依賴」不一定是有侵害性或剝削性。在多人非零合的開放世界經濟系統中，經濟的依賴可以是非常有利的事。

㈤、臺灣也許是依賴理論「典範」的一個特例。但這個「例外」並不表示「規則」（依賴理論）因而得到肯定。我相信臺灣絕不是唯一的反例。

㈥、以現在世界各國的統計資料，不難建立如〈表一〉的長期時間序列數字。而目前的文獻中，卻少見到以實證研究去驗證依賴理論者。這個理論，應可以用統計資料，去取代相當意識型態或社會學式的辯論方式。

㈦、依賴理論也許對某些經濟（如拉丁美洲國家）合適。那也許是個「區域性」的理論，而不是可以一般化到其他對外依賴度高的開發中經濟。

一九八六・十・一《當代》，第六期

## 注釋

❶ 例如《思與言》雜誌在一九八四年三月（第二一卷第六期）有一期〈依賴理論與世界體系理論：新範型的評介〉。此外，唐山出版社也印行有關世界體系理論的書刊，相當齊全。

❷ 據我資料所及，有 Barrett and Whyte (1982): *Dependency and Taiwan: an analysis of a deviant case*, American Journal of Sociology, 87: 1064~1089。以社會學的角度，運用臺灣總體的資料，說明臺灣對外依存度的提高，並未導致經濟衰退與所得分配惡化。另有席汝楫（一九八五）：〈依賴與發展：八十年來的臺灣〉，《東海社會科學學報》，第四期，頁四三～六〇。

這兩篇文章的結論類似，此外則甚少見到實證性的研究。

❸ Palma, G., 1978, "Dependency: a formal theory of underdevelopment or a methodology for the analysis of concrete situations of underdevelopment?", *World Development* 6: 881～924.

❹ Hou, C.M., 1965, *Foreign Investment and Economic Development in China*: 1840～1937, Harvard University Press.

❺ Aron, R., 1966, *Trois essais sur l'âge industriel*, Paris: Plon. pp. 9, 38, 42～43.

# 臺灣對布勞岱的介紹與理解

臺灣戰後對西洋學說的引進相當有興趣，而且歷久不衰。人文社會學界的同仁大概都會覺得，雖然表面現象或許略有差異，但在本質上四十年來似乎並無多大的改變。以思想潮流來說，臺灣引進過現代化理論、存在主義、後現代主義等等數十種思潮；就個人的學說而言，有早期的海耶克，中期的韋伯，較近的哈伯瑪斯、傅柯等等也不下幾十位。從早年的《文星》到八〇年代中期的《文星》復刊號再到《當代》，都是很具代表性的媒介。引進了這麼多的思潮與代表性人物的學說，但我卻很少見到有文章在討論，這些思潮學說引入的過程與效果。

也就是說，我們除了大量的進口之外，至少也應該淸醒的從兩個角度來評估：⑴、新學說是以哪種方式傳入的？內容可靠嗎？它的社會化過程產生了哪些傳播現象？⑵、更重要的是：理解的層次如何？是止於名詞的散佈，終致隨風飄逝，或是眞的因而紮下了根基？本文以法國年鑑歷史學派第二代的代表人物布勞岱（Fernand Braudel, 1902~1985）爲例，以在臺灣發表過有關他的文字爲對象，試著回答上述的兩個問題。

本文的寫法如下：首先我把與布勞岱個人相關的中文資料分成翻譯、評介、論述三類，列舉在文後的參考書目裏，以下的三節也是照這個順序來討論。在最後一節（第五節）裏，我提出我對整個議題的一些觀察。

## 翻譯

就數量而言，一共有十項，除了劉北成（一九八八b）是專書之外，都是單篇的形式。也就是說，在布勞岱的衆多著作當中，目前只有他的《論歷史》（一九六九）這本文集有中譯本。雖然這是從英譯本轉譯的，難免有內容與文字上的雙重失落，但我的基本態度是：在今日中文的學界裏，不論是在哪一行，只要有人肯用心花時間做這類的服務工作，都應該感激他，失誤或好壞都是次要的了〔我聽說布勞岱的《物質文明、經濟與資本主義，十五～十八世紀》（一九七九）已有人譯完第一冊，聽說他的《對物質文明與資本主義的反思》也譯好了，希望這些全譯本早日出版，嘉惠讀書界〕。

布勞岱的主要著作共三套：《地中海》（兩册）、《資本主義史》（三册）、《法國史》（三册）。都已有英譯。他的單篇文章也不少，但成集出版的卻只有前述的《論歷史》，總有一天他的其他文章會再結集出版。

在「翻譯」的書目項內，從布勞岱的著作內譯出的有王芝芝（一九八九）、余佩珊、李弘祺合譯（一九八四）、賴建誠（一九九一a、b）等四篇。余、李所譯不到六頁，且未說明出自原書何章何節，助益不大。王芝芝(一九八九)所譯的篇幅較大，內容也較完整，可惜未做譯者解說，未必每位讀者都能理解此文的意義與定位。賴譯兩篇（一九九一a、b）是兩本著作的序言，以供窺豹而已，但由此也可得知作者的視角與方法，未必無用。《法國史》的序言待譯。

另有兩篇賴譯（一九八五、一九八七）雖非嚴謹著作，但從訪談與答詢的方式，也很能了解布勞岱在文字上不方便表達的另一些層面。劉北成（一九八八a）是譯自 Wallerstein 的文章，解說與批評兼備。沈積（一九八六）的譯文基本上是譯自一篇通俗書評，原作不只介紹該書，同時也解說了布勞岱的史學取向與研究方法，相當有趣。楊定（一九八六）雖是譯自報導性的短文，但也談及布勞岱的研究題材及其意義，可參閱。

整體而言，我覺得(1)、他的專著翻譯數量太少，但譯起來也不易，因爲他的著作都是鉅册型的；⑵、語言的障礙太大，幾乎都要透過英文轉譯；⑶、文化與歷史背景相當隔閡：臺灣教育的文化視野過窄，對歐洲的了解太少，對歐洲文化與歷史更是陌生，若未附上全文概觀式的解說與詳細譯注，恐怕譯者也容易流於字面迻譯，而讀者更不易了解其精要，易以爲是在看天書，或覺得內容不過爾爾。

## 評介

在評介方面也有十篇（見文後書目㈡），基本上都是整理與綜述的性質。林載爵（一九八六）、康樂（一九八六）、楊定（一九八六）都是報上副刊的文章，性質上是報導取向的。汪榮祖（一九七六）、賴建誠（一九八六）雖然刊在史學的期刊上，但就性質而言，仍是以資訊爲主，談不上有論點的論述。顏建發（一九八四）基本上是對《地中海》一書的摘要，他在同一期的《史學評論》上也摘述了馬克・布洛克的《封建社會》。以當時他取得碩士學位的年齡，就能介紹兩本年鑑學派的主要著作，勇氣可嘉，眞可讓臺灣的西洋史從業者汗顏。翟本瑞（一九八六、一九八七）則是對《文明與資本主義》的綜述。

這類的書目中，在性質上當然是以翟本瑞和顏建發的「書摘」比較平實，但我認爲這樣的介紹，應該把當時在專業期刊上已出版的其他書評也互相評比一番，這樣讀者才能了解：(1)、這本書在學術上的重要性；(2)、此書出版後學界的反應與評論；(3)、作者本人評論之特點何在？提出了哪些其他人尚未論及之特點？

布勞岱的《地中海》自一九四九年法文版問世，一九七二年英譯本出版後，英法文的書評相當多，評論的切入點也相當不同，這類書目只要在 Social Science Citation Index 的光碟內一索即得。顏建發（一九八四）的書評，對資訊缺乏的中文讀者而言，缺少了這一項很重要的服務。當然有許多 Review Article 也不必定要提到其他人的評論，但我看過顏建發（一九八四）、翟本瑞（一九八六、一九八七）之後的感想是：書評和讀書摘要應該是兩回事，書評應該是著重於觀點上的爭論。對讀過原著的人，這幾篇摘述沒有輔佐理解之功，對想以此爲速食品的人，又恐怕它的營養不均衡。

賴建誠（一九九一）的目的是：臺灣在一九八〇年代中期有一陣子很流行說，近四十年來臺灣經濟能快速發展，儒家思想是一項重要的因素，而且可以在韋伯的《基督新教與資本主義》內找到學說的基礎。該文旨在介紹布勞岱對「韋伯命題」的反駁，布勞岱認爲韋伯命題是「非歷史的」，他認爲應該從歐洲不同地理區域內，經濟上的比較利益之變遷來看經濟發展問題，而不是從「文化因素與經濟發展」這個角度來談。我覺得布勞岱的論點是個有啟發性的論述。

最後來談陸先恆（一九八八）的專書。就一本碩士論文而言，作者是相當勇猛的，從他所附的書目以及在正文內引述各種學說的情形來看，這樣的投入都遠超過對碩士階段的要求。我的感覺是，這一本由碩士論文所修改出版的書，其主旨是在對比近代兩位資本主義史學者對此問題的詮釋，在手法上我覺得還是在摘述，而不是提出一個中介式的架構，可以用來對照此兩位的學說。我當然也知道這樣的要求不僅對碩士階段的人過苛，甚至對偉大的社會經濟史學者也不是一件易事。

這本書（碩士論文）內當然有作者的「獨見創獲」，但基本上仍是綜述整理的成分大於提出新的假說或洞視，所以我在此避開技術細節的討論，因爲那是個誘人的黑洞。相對的，我想藉此書稍微離題的來談學界的問題。第一，我們對碩士論文應該有哪些基本的要求？我認爲，這不是一個炫學的階段，因爲通常還太嫩。對碩士論文而言，我比較傾向於要求「窄而深」而非「寬而淺」。也就是說，我希望碩士論文能把一個小而重要的概念，說得够透徹，能把相關的知識集在一起，能使讀者覺得就此概念而言，作者甚至能比原著還深入，這就很成功了。而作者的指導教授在序言內也說，「要同時處理華勒斯坦與布勞岱是一項大工程」，負責任的導師難道不覺得於心不忍嗎？

第二，我的見聞裏尚未聽說有哈佛、MIT、東京、牛津大學的碩士論文出版成書的。但我確知有些特優的博士論文修改後出書，而且還成了經典作的。臺灣的人文社會科學界起步甚晚，或許因而對這方面的出版品需求較大。可是，在態度上，我總覺得此風不妥，對二十多歲的人爲什麼不鼓勵他們在專業刊物上發表呢？或是在國際上的社會學刊上發表，豈不是更有鼓勵作用？而且對申請留學也必有幫助。話雖離題，但我總希望學界風氣要平實一些。

## 論述

爲了行文方便，我以參考書目㈢的作者姓氏筆畫序來討論。我的策略是不討論「詮釋」的部分，一方面這是較高層次的爭辯，所需篇幅較長，較適合在專業期刊上進行；一方面這種層次的討論會有觀點與學門、學派之間的爭執，容易陷入糾葛的泥沼裏。我在此文的著重點是較低層次、較易明判的事情上：⑴、論述者的態度，看是否合乎基本學術規格；⑵、論述者把布勞岱的學說「理解」或「應用到」哪些層次上。

依筆畫序來談。丘延亮（一九八八）的主題與布勞岱無關，但在頁一八六～一八七穿插了一段強烈的文字，先摘錄如下，雖然摘錄稍長，但卻是分析上的必要：

> ……同時，這意識型態不但是新近的創造，也仍然在不斷的重新製造中。了解這點，或許能比較了解 Fernand Braudel 爲什麼在他歐西史的鉅著（卽：《資本主義與文明》）和意味深遠的小書（卽：《對物質文明與資本主義的反思》）中，都把物質文明（material civilization）和資本主義（capitalism）相對待。準此，Kochan 把 *Civilization matérielle et capitalism*, 1400~1800 一書，英譯時稱之爲 *Capitalism and Material Life*, 1400~1800 是犯了大錯了。但是，Braudel 的問題是他沒有搞清楚，如果說西歐資本主義和資本主義前有「大轉型」（Great Transformation, K. Polanyi 語）的話，這個大轉型在一定的意義上都是假的：不過把人和自然 fictionalize 爲勞力和資源，人和自然的生產與再生產問題在歐洲中心的對外擴展中，外化爲諸殖民地和諸古文明或(今天)第三世界的問題罷了！如此看來，Immanuel Wallerstein 會那樣錯誤的讀進（read into Braudel）也絕不是偶然的罷！……

這段文字包括了下列的論點：

⑴、這一段文字（其實只引了原文的半段）內，提到了社會經濟史上的三位大名人(Braudel、Polanyi、Wallerstein）以及他們的大作；所牽涉到的領域有資本主義史、前資本主義的大轉型、世界體系。⑵、作者指控：① Braudel 把物質文明和資本主義相對待；②英譯者犯了大錯誤；③ Braudel沒有搞清楚「大轉型」；④ Wallerstein 錯誤的讀進了 Braudel 的訊息。

我對第⑴點沒有意見，因爲其中並無可爭辯之論點，我只覺得這些重要的人名與關鍵性的概念，每一項對我而言都是相當深奧的礦脈，而作者能在幾行之內一網羅盡，我只能自歎不如。我對第⑵點內作者的諸項指控，比較有事實的根據來替不在場的被告答辯。

一、丘延亮說布勞岱把物質文明和資本主義相對待。我對此句的理解是：布勞岱把資本主義和物質文明看成了相等同的事情。如果我的理解是正確的話，那我就可以確定的說：

您先請把書看過再說，如果書太厚的話，只看 Kinser（1981）和 Wallerstein（1991）的評論文章，或是只看如您所說的那本「意味深遠的小書」（指《對物質文明與資本主義的文思》一九七七）都可以：布勞岱眞的沒有把物質文明和資本主義相等同。此事說來話長，若有人提異議，我願意答覆。

二、Kochan 的英譯「是犯了大錯了。」我粗通英法文，我把英法本對照著看過，我不知道譯者犯了什麼錯。

三、Braudel 的問題是他沒有搞清楚「大轉型」的問題。我先指出一項書目上的錯誤：該文頁一八六注七上說 Braudel 的《物質文明與資本主義》是由 Kochan 譯的（一九七八），I～III冊。事實是：Kochan 只譯了第一冊（一九七三年出版），後來的三冊全譯本是由 Sian Reynolds 譯的（一九八一、一九八二、一九八四出版），這在全套書首頁的「譯者注」內已說明。接下來談 Polanyi 的問題。我查了此書英譯本第二、三冊的索引，看到第二冊內提到 Polanyi 的地方有頁二二六、二二五～二二八、二三八、五六二；第三冊有頁二五三。可見布勞岱對 Polanyi 並非一無所知。我看了這些頁數（尤其是第二冊頁二二五～二二八）之後，我的感覺是：有許多人分析過資本主義的歷史（馬克思、宋巴特、韋伯、Polanyi、熊彼德……），每個人都在提出自己的一套史觀，而各自成一套論說系統，爲什麼偏要拿 Polanyi 的大轉型來質詢布勞岱「沒搞清楚」資本主義的「轉型」？他眞的沒搞清楚嗎？您在看原書時讀過我所引述的那幾頁嗎？

四、Wallerstein「錯誤的讀進 Braudel」。Wallerstein 對布勞岱的評論（一九九一）是比丘先生的文章（一九八八）晚，可是他對布勞岱的理解應該很早就有大致的形態了。還是先請看過 Wallerstein（1991）的文章再宣判吧！我猜丘先生的意思是 Wallerstein 的《世界體系》大作「錯誤的讀進 Braudel」。如果是這個意思的話，我想知道：⑴、他犯了哪些錯誤？⑵、爲何會犯錯？⑶、導致了怎樣的嚴重後果？丘文出版時（一九八八）Wallerstein 的書只出到第二册（一九八九出了第三册，第四册還不知何時可出版），書才出一半就可下此斷語？

綜合的說來，對這半段不經意的文字賠上這麼長的篇幅實在不值得，但我的主要質疑不只在上述的爭辯上，而更是在強調一個基本的規則：審判別人時，必須有判決說明。可喜的是，在本文最後所列的眾多與布勞岱相關的書目中，丘延亮這半段文字是唯一的例外，也顯示了臺灣在引介西洋學說時，在態度上比十幾年前審愼多了。

接下來的兩篇文章：沈宗瑞（一九八八）、周樑楷（一九八四）是屬於半綜述半評論的性質，但尚未進入全文論證的階段。因篇幅已長，我想把重點放在另外的三篇上。陳介玄（一九八九）的文章是本文書目內較解析性的，值得一論。高承恕（一九八二）和張家銘（一九八七）旨在說明布勞岱的歷史觀可以給歷史社會學帶來許多的啟示。

先談陳介玄（一九八九）的論點。前面我說過布勞岱用十五～十八世紀的史料，說明歐洲地區內比較優勢的變遷，以反駁韋伯的「基督新教與資本主義」命題，是一項非常有說服力的看法（見書目(二)內，賴建誠，一九九一）。陳介玄的論點是：資本主義這個名詞其實包括「精神」面與「形態」面，韋伯所談的基督新教精神是和資本主義的「精神」面有關聯，而新教精神並不等同於資本主義的「形態」面。所以他認為「布勞岱誤解了韋伯新教倫理與資本主義命題之理論意涵，以及詮釋上應有的分位，似乎極為明顯。」（頁二二三）。

我的理解是，如果把韋伯的眞正意思拆解成這兩個層次的話，在理論上當然是更為精確。或許布勞岱根本沒意識到有這個差別存在，就算有，他的討論路線也絕不在這個面向上，所以我願意說，陳介玄幫我們釐清了一個易被忽略的層面。我想我了解並且接受這個論點，但我還是支持布勞岱的經濟重心變遷說，因為這兩位重要學者的主題雖然都是資本主義發展的初期動力，但他們的切入角度與論點完全不同，甚至是「不可共量」的，在公尺與公斤之間作比較，是必然不會有結果的。

我的論點很簡單：如果歐洲經濟的重心在十五世紀之後沒有移轉到北方（而恰好也正在新教信仰區）的話，就算勞動組織再合理，基督新教的天職觀恐怕和資本主義也不一定能扯在一起。我不知道日本近一世紀來資本主義的快速發展，是否和韋伯的「天職說」、「合理的勞動組織」有關係，但我幾乎確定臺灣近四十年來的資本主義發展，和韋伯命題的相關性，遠小於和布勞岱命題的相關性。

從高承恕（一九八八）的文集內，我們可以看到他的心路歷程，也可以理解他為何以韋伯為中心，寫了好幾篇比較韋伯與布勞岱、華勒斯坦、哈伯瑪斯的文章。我對高承恕（一九八二）文章的技術內容沒有相對的基礎可以討論，我只能看出他在他文集的前兩篇（都是在一九八一、一九八二年出版的）內，他的關懷重點是：社會學的研究在美國（與臺灣）一直都忽略了歷史的面向，韋伯的歷史社會學應該予以重新的認定，而布勞岱的歷史著作也關注到了社會學所關切的面向，所以這兩位的著作對歷史社會學的重新出發是有啟發性的。在一九八〇年代初期有這樣的看法，在中文學界裏可算是登高一呼了。

而有這種呼聲也反映了另一個可惜的現象：一九八〇年代中期之前臺灣的社會學界，實在是太跟著美國走了。我不太相信開發中國家的人文社會科學有所謂「本土化」的本錢與能力，我只能希望臺灣先把人文地圖從中國與美國的小視野，至少先再貼上歐陸這塊領土，直接的去了解歐陸，不要透過美國的二手傳播，一方面會失真，二方面也實在太被動了。

張家銘（一九八七）的文章，在格局上沒有超過高承恕（一九八二）的架構，他的做法是在一個類似的題材之下，塡入較多的布勞岱的材料。他的主要關懷也是歷史社會學的問題，他對此問題的必要性與癥結在「前言」裏有很好的解說，之後他主張用布勞岱的歷史學來「幫助我們將歷史與社會學作一重新的定位與結合」（頁六五）。我對高、張兩文所作的類似主張，有下列的評論：

第一，歷史社會學的專業刊物 *Journal of Historical Sociology* 已在一九八八年創刊了（季刊），可見美國的社會學界已認知此問題，並出版了定期的專業刊物。

第二，我認為布勞岱並不是一個好的「結合對象」，因為他的基礎訓練以及他在《地中海》、《物質文明與資本主義》、《法國史》這一系列的著作中，都是以地理歷史學為主要的詮釋工具。這在《地中海》內已經明確得不必再說明了，在《物質文明與資本主義》內他也常用經濟地理重心變遷的概念來解釋「經濟世界」、反駁韋伯的「新教精神與資本主義」，在《法國史》（英譯本第一册，一九八八年出版），他更是以一貫的地理歷史學來詮釋。張家銘主張用布勞岱來結合這兩個學門，其理由是布勞岱「顯示出一個嶄新的史觀，更展現出精密且深厚的史學研究手法。……社會學是他所最關照的學科，史學與社會學的重新定位與結合正是其畢生努力的志業……」（頁六五）。我對這段話的反應是：前半段較無爭議，後半段則需要「證明」，因為我知道布洛克和費夫賀這兩位年鑑學派的創始者，受到涂爾幹的社會學影響較深，布勞岱有濃厚的社會學傾向嗎？如何證明歷史社會學「正是其畢生努力的志業」？我偏離主題的說一個感想：臺灣的人文社會學界常喜好給西洋思想家貼標籤，而且常在當事人不在場的情況下作判決。

## 餘論

文章已長，所以只能簡要的提出我對整個論題的觀察。

一、在西洋學說的引入方面，近三十年來臺灣基本上還是停在引進的階段，還沒有達到深化與生根的層次。因之而起的副作用有：⑴、沒有好的老師，人人互相不服氣；⑵、因而沒有較健全的評審體系；⑶、以致出版容易，而常流於自滿。

二、以布勞岱學說引入的個例來看，基本上已經能把層次轉入論述與批評的階段，這是一個好的現象。比起傅柯、德希達等其他歐陸思想家的引進層次，布勞岱的例子在成熟度與影響深遠度上，大概僅次於韋伯的例子吧！

三、如果再進一步做的話，就應該從純進口的形成提升到有外銷的能力，舉兩例子來說。Raymond Aron 的法文原著《當代德國社會學》（一九三五）被譯回德文出版，就是有「回銷」的能力。東京大學經濟系根岸隆（Takashi Negishi）教授寫了兩册西洋經濟思想史方面的著作，能在劍橋大學和在荷蘭出版，也是個回銷的好榜樣。臺灣人文社會學界在「產業升級」、「出口替代進口」方面的動作，比工商業界慢了許多，但這是個必須的階段，能在國際學術市場的第一線作戰，才是個較成熟的目標。

一九九二・四・一《中國論壇》，三二卷六期

## 附錄：與布勞岱相關的中文書目

### 一、翻　譯

1. 王芝芝譯（一九八九）：〈建構地中海的模式是否可能？〉，遠流出版公司《年鑑史學論文集》，頁八五～一四七。
2. 沈積譯（一九八六）：〈布勞岱的幻燈——簡介《日常生活的結構》及其作者〉。
3. 余佩珊、李弘祺合譯（一九八四）：〈布勞岱《非利普二世時代的地中海與地中海世界》選〉，時報出版公司《西洋史學名著選》，二版，頁四〇七～四一二。
4. 楊定（一九八六）：〈法國歷史重新看〉，《中國時報・人間報導》，一九八六年四月十一日（取材自《前鋒論壇報》）。
5. 劉北成譯（一九八八a）：〈布勞岱・歷史學家・「局勢中的人」〉，《當代》，第

三〇期，頁九八～一〇九。

6. 劉北成譯（一九八八b）：《論歷史》，五南圖書公司。

7. 賴建誠譯（一九八五）：〈史學一生：法國年鑑學派領袖布勞岱訪問錄〉，《食貨》，一五卷五、六期，頁八一～八九。

8. 賴建誠譯（一九八七）：〈我與年鑑歷史學派：布勞岱的答覆〉，《思與言》，二五卷三期，頁二九一～三〇九。

9. 賴建誠譯（一九九一a）：〈《物質文明、經濟與資本主義》序言〉，《中山社會科學季刊》，六卷一期，頁四五～五五。

10. 賴建誠譯（一九九一b）：〈《地中海與菲利普二世時期的地中海世界》序言〉，《思與言》，二九卷三期，頁二〇七～二二〇。

## 二、評介

1. 林載爵（一九八六）：〈壯闊的三重奏：當代史學巨人卜洛德〉，《聯合報・副刊》，一九八六年十月十一日

2. 汪榮祖（一九七六）：〈白爾德與當代法國史學〉，《食貨》，六卷六期，頁一二三

三~二四〇。

3. 康樂（一九八六）：〈從異端到正統——布勞岱與「年鑑史學」〉，《中國時報・人間副刊》，一九八六年元月十六至十七日。

4. 楊定（一九八六）：〈費南・布勞岱過世：「把歷史冰山顛倒過來」的歷史學家〉，《中國時報・人間副刊》，一九八六年十二月一日。

5. 陸先恆（一九八八）：《世界體系與資本主義：華勒斯坦與布勞岱的評介》，巨流圖書公司。

6. 翟本瑞（一九八六）：〈物質文明對歷史研究的反省意義：評布勞岱論日用生活的結論〉，《思與言》，二三卷五期，頁五三三~五三九。

7. 翟本瑞（一九八七）：〈資本主義與市場經濟：布勞岱的歷史分劃〉，《思與言》，二四卷六期，頁四七~六二。

8. 賴建誠（一九八六）：〈法國年鑑學派領袖布勞岱〉，《史學評論》，第一二期，頁一九七~二一五。

9. 賴建誠（一九九一）：〈基督新教與資本主義：布勞岱的異見〉，《歷史月刊》，第三九期，頁一一一~一一四。

10. 顏建發（一九八四）：〈費南‧布勞岱的整體歷史學：《地中海與菲利普第二時代之地中海世界》簡介〉，《史學評論》，第七期，頁二一七～二四〇。

## 三、論　述

1. 丘延亮（一九八八）：〈從認識論的高度再思考「發展經濟學」〉，《臺灣社會研究季刊》，第一期，頁一八二～一八八。
2. 沈宗瑞（一九八八）：〈資本主義體系的長波〉，清華大學共同學科《社會科學論叢》第一輯，頁一九九～二三一。
3. 周樑楷（一九八四）：〈年鑑學派的史學傳統及其轉變〉，《史學評論》，第七期，頁五七～七三。
4. 高承恕（一九八二）：〈布勞岱與韋伯：歷史對社會學理論與方法的意義〉，轉載於高承恕（一九八八）：《理性化與資本主義——韋伯與韋伯之外》，聯經出版事業公司，頁二一～五〇。
5. 陳介玄（一九八九）：〈合理的勞動組織與近代資本主義精神：對韋伯新教倫理論題的再思考〉，《中國社會學刊》，第一三期，頁二二一～二三三。

6. 張家銘（一九八七）：〈理論、歷史與想像力：布勞岱的歷史世界及其對社會學的反省意義〉，《思與言》，二四卷六期，頁六三～八〇。

## 四、西文參考書目

1. Kinser, Samuel (1981): Capitalism Enshrined: Braudel's Triptych of Modern Economic History, *Journal of Modern History*, 53(4): 673～682.

2. Wallerstein, I. (1991): Braudel on Capitalism, or Everything Upside Down, *Journal of Modern History*, 63(2): 354～361.

# 臺灣的新重商主義

西元二○五○年，某大學經濟研究所碩士班經濟史教室內，一位教師與十七位研究生。

## 序幕

學生A：一個世紀以前，當第二次世界大戰剛結束之後，有一門稱爲經濟發展學的新學科誕生了。在它所發展出來的許多主題與概念當中，有一項有趣的題材是關於新興工業化國家（NICs）的研究。從經濟史的觀點來看，您怎麼描述 NICs 的特質？我們也可以在其他的歷史時期內找到類似的特質嗎？

教師：就特質而言，我覺得 NICs 的情形和十六世紀～十八世紀之間歐洲的重商主義非常類似，至少有一點是很相同的：金塊主義（追求外匯存底的數量）。當然，用一九六○～

一九七〇年代流行的依賴理論來說，NICs是屬於邊陲國家，而西歐列強則屬於核心國家。歐洲的重商主義不只追求經濟上的目標，同時也追求地理與政治上的強權，而這和經濟面是相輔相成的；亞洲的NICs則以經濟目標爲主。

學生B：可是，這是一種「一燕知春」式的說法，金塊主義只不過是重商主義的一個表面特點而已。您是否能舉出其他的特徵來解釋您的論點？

教師：歐洲的重商主義在內容與政策上，各國都有相當大的差異。經濟史學者一般都同意說，並沒有一套完整的重商主義理論，甚至在重商主義論者之間，在觀點上也有相當大的歧異。如果我們從龐雜的文獻裏，抽取出重要的因素，建構出一種「理想型態」的重商主義，那大致有下列幾項特點：(1)、金塊主義即是狂熱的追求貿易順差，而這一點則通常被視爲重商主義的註册商標。對外貿易是達成此項目標最主要的策略性工具：鼓勵外銷（出口主義），抑制非生產性的進口；(2)、國家支助獨佔性的企業活動，並提供關稅保護：受到關照的企業在國內享受扶持與協助，在國外市場上則得到經營的特許權；(3)、所謂的經濟福利是以國家的財富來定義的，而非以滿足社羣的消費偏好爲主，政府希望國內的消費儘量壓低；(4)、鼓勵增加人口，以當作勞力的來源，增產報國。工資儘可能的壓低以使生產成本極小化；(5)、利率也受到政策性的壓低，以減少生產與存貨的成本。同時，國內的儲蓄率受到鼓勵而相當的高，國內的貨幣存量也很充裕；(6)、充分就業是主要的經濟目標；(7)、在經濟的心態上，與傳統的經濟思想（十六世紀之前的禁欲思想）有很大的對比，但在十八世紀之後，則被經濟自由主義（自由放任）所取代。以上簡要的回顧，雖然很一般化，但也已很系統的說明了歐洲重商主義的特點。

## 新重商主義的特徵

學生C：在二十世紀的 NICs 中，新加坡和香港的經濟表現都很可觀，但他們的規模則因本身的限制而較不顯著。臺灣和南韓是比較有趣的例子，因爲他們的經濟規模比大部分的開發中國家大，而且這兩國在國際市場上也相互競爭。他們在發展過程中的經濟行爲，很類似您在前面所談歐洲重商主義的做法。我想先了解重商主義的基本特徵：「金塊主義」，您是否可以用實際的例子來說明 NICs 的金塊主義，以及與此相關的現象，有過哪些的變化情形？

教師：在統計數字許可的範圍內，我想還是把焦點放在臺灣的個例上，看看一九五○～一九九○年之間的情形。請看表一內各欄的數字。

表一　臺灣重商主義的指標（一九五〇～一九九〇）

| | (1) 外匯存底（百萬美元） | (2) 黃金存量（百萬兩） | (3) 臺幣美元匯率 | (4) 資本流動（百萬美元） | (5) 消費物價指數 | (6) 股票指數 |
|---|---|---|---|---|---|---|
| 一九五〇 | 二 | 一・二九 | | | | |
| 一九五一 | 三五 | 一・一四 | | | | |
| 一九五二 | 三四 | 一・一一 | 一〇・三〇 | | | |
| 一九五三 | 四五 | 一・〇九 | 一五・六五 | | | |
| 一九五四 | 二〇 | 一・一四 | 一八・七八 | | | |
| 一九五五 | 四六 | 一・一七 | 二四・七八 | | | |
| 一九五六 | 六三 | 一・二〇 | 二四・七八 | | | |
| 一九五七 | 九二 | 一・二〇 | 二四・七八 | | | |
| 一九五八 | 七八 | 一・二三 | 三六・三八 | | | |
| 一九五九 | 八二 | 一・一七 | 三六・三八 | | | |
| 一九六〇 | 七六 | 一・一七 | 三六・三八 | | | |
| 一九六一 | 九三 | 一・二五 | 四〇・〇三 | | | |
| 一九六二 | 七一 | 一・二三 | 四〇・〇三 | | | |
| 一九六三 | 一七七 | 一・四四 | 四〇・一〇 | | | |
| 一九六四 | 二四二 | 一・五六 | 四〇・一〇 | | | |
| 一九六五 | 三一八 | 一・五七 | 四〇・一〇 | | | |
| 一九六六 | 三八一 | 一・七八 | 四〇・一〇 | | | 一〇〇・〇〇 |
| 一九六七 | 四五七 | 二・三二 | 四〇・一〇 | | | 九八・七〇 |

| | （二月） | （一月） | （三月） | | （三月） | （二月） |
|---|---|---|---|---|---|---|
| 一九六八 | 四二五 | 二・三一 | 四〇・一〇 | | | 一〇四・九二 |
| 一九六九 | 四五六 | 二・三四 | 四〇・一〇 | | | 一〇三・六五 |
| 一九七〇 | 五九〇 | 二・三四 | 四〇・一〇 | | | 一二〇・一二 |
| 一九七一 | 八四三 | 二・二九 | 四〇・一〇 | | 三一・二七 | 一二七・四八 |
| 一九七二 | 一、四五六 | 二・三〇 | 四〇・一〇 | | 三二・二一 | 一六一・一五 |
| 一九七三 | 二、〇九二 | 二・三〇 | 三八・一〇 | | 三四・八四 | 三七一・七三 |
| 一九七四 | 一、五二七 | 二・三〇 | 三八・〇五 | | 五一・三八 | 三四九・二〇 |
| 一九七五 | 一、三四七 | 二・三〇 | 三八・〇五 | | 五四・〇七 | 三一七・四八 |
| 一九七六 | 二、三五七 | 二・二三 | 三八・〇五 | | 五五・四二 | 三四三・〇四 |
| 一九七七 | 三、五二九 | 二・四一 | 三八・〇五 | | 五九・三二 | 三六二・四五 |
| 一九七八 | 五、五七九 | 二・四一 | 三六・〇五 | | 六二・七四 | 五五四・一三 |
| 一九七九 | 五、五六一 | 二・四一 | 三六・〇八 | | 六八・八六 | 五六〇・五一 |
| 一九八〇 | 五、三七〇 | 三・一四 | 三六・〇六 | | 八一・九五 | 五四六・九一 |
| 一九八一 | 六、四五〇 | 三・二六 | 三七・八九 | 八八六 | 九五・三四 | 五四八・八四 |
| 一九八二 | 八、八七三 | 三・七四 | 三九・九六 | 一、二六八 | 九八・一六 | 四七七・二〇 |
| 一九八三 | 一三、七四二 | 四・一一 | 四〇・三二 | 一、〇四三 | 九九・四九 | 六五四・二八 |
| 一九八四 | 一九、五一三 | 四・六四 | 三九・五二 | 負七三九 | 九九・四七 | 八七二・五一 |
| 一九八五 | 二九、二八九 | 五・〇一 | 三九・九〇 | 負七七七 | 九九・三〇 | 七四五・六二 |
| 一九八六 | 四六、三八七 | 五・五七 | 三五・五五 | 負一、四〇八 | 一〇〇・〇〇 | 九四四・七四 |
| 一九八七 | 六九、四二〇 | 七・六七 | 二八・五五 | 負二、三八六 | 一〇〇・五二 | 二、一三五・〇三 |
| 一九八八 | 七三、二二八 | 一三・四九 | 二八・一七 | 負六、〇三一 | 一〇一・八一 | 五、二〇二・二一 |
| 一九八九 | 七六、六三九 | 一三・五四 | 二六・一七 | 負七、四三二 | 一〇六・三〇 | 八、六一六・一四 |
| 一九九〇 | 七九、四一二 | 一三・五四 | 二七・一一 | 負六、四〇二 | 一一〇・六〇 | 六、七七五・三二 |

表一的內容簡易明白。我們可以看到這個 NICs 在四十年之內表現得非常好，其中最明顯的就是金塊主義。外匯存底自一九八八年起就是全世界最高的國家，黃金存量在很短的期間內也大幅快速的增加。然而，這兩項因素必然會對匯率有所損傷，表一的臺幣與美元匯率，就表現出臺灣的貿易條件因爲金塊主義而惡化(國際競爭能力因臺幣升値而減弱)。歐洲的重商主義在晚期時，對金塊內流與貨幣擴張的事情，已經無多大的意願，因爲他們淸楚的意識到，國內的物價已因金塊主義而嚴重的膨脹了，所以他們對貿易順差的興趣大大銳減或甚至完全消失了。這種現象現在被國際經濟學的學者稱爲 David Hume 的金塊流動機能：金塊的內流將會導致國內物價的高漲與國際競爭能力的衰落。

學生D：在臺灣的人在這方面不致於會那麼的天眞，可是他們爲什麼要累積那些對自己不利的金塊，這和他們的經濟心態有關係嗎？

教師：是的，如果我們看一九五〇～一九六〇年代臺灣的外匯存底（表一第一欄），你就可以了解臺灣國民政府在經濟方面的不安全感。當一九四九年政府從大陸撤退到臺灣，由於國際政治上的孤立，更加強了這種外匯存底的狂熱。

學生E：您也觀察到臺灣有顯著的資金外流情形嗎？

教師：表一第四欄顯示，資金的流動從一九八七年起就出現了負號，這是資金外流的訊號。我相信在近期內不至於出現負的貿易餘額，因爲政府不會讓這種情形發生。但我可以預測外匯存底會降低，因爲從一九八六年起，臺幣與美元的匯率就開始對臺灣不利（表一第三欄）。當然，中央銀行非常的明白這項機能。

學生F：Blaug 把下列的現象稱爲重商主義的窘境：「理論上來說，如果國內對進口品的需求彈性，加上外國對本國出口品需求的彈性之和小於一，那麼，國內物價的上漲不但不會對本國不利，反而有益。」換個方式來說，假如國內對國外物品的需求彈性（Ed），加上外國對本國產品的需求彈性（Ef）之和小於一（也就是 $Ed+Ef<1$），那麼就能夠躲掉重商主義的窘境。

教師：這對臺灣而言是眞正的窘境，因爲這兩項彈性之和不幸的是（遠）高於一，原因很簡單。就世界的市場而言，臺灣是邊緣性的消費品供給者，臺幣升值必將會使臺灣失去鞋類、雨傘這類產品的市場，輸給韓國和其他的開發中國家，使得Ef會大於一。這對一個小而開放的開發中國家來說，是一項致命性的因素，因爲出口實在是太重要了。另一方面，Ed（國內對外國產品的需求彈性）雖然小於一，但它在開發中經濟內所佔的比重通常不大，這是大家都很能理解的事。重商主義的窘境並未在歐洲國家發生，因爲他們是處於世界經濟的核心地位，他們能在世界市場上競爭。我們只能希望這個窘境不會打垮臺灣的經濟。

學生G：一七二〇年代，Richard Cantillon 提出過一個有趣的論點。他認爲，國內的貨幣數量因貿易順差而增加時，不僅會提高一般的物價水準，同時也會改變物價的結構，至於變化的程度，那要看這些新流入的錢是被哪些行業的人得去，以及他們對財貨的相對需求程度而定。

教師：David Hume 也有過類似的觀察。在兩個世紀之後，凱恩斯（Keynes）也討論過同樣的問題。在他的《貨幣論》內他說過相同的話：「貨幣數量的改變對物價的變動，不會在同一時間，以同一方式，做相同程度的影響。」所以，你的問題是有意義的，尤其對臺灣這種在極短期之內，外匯大量湧入的經濟體系，這個問題更顯得重要。我沒有數據來回答這個 Cantillon-Keynes 命題。但我也覺得奇怪，總體經濟學者（尤其在 NICs）竟然沒有去分析這麼重要的問題。

學生H：從表一第五欄的資料看來，物價上漲的程度似乎並不嚴重，尤其是一九八五～一九八九年間，因爲這段期間外匯存底增加得實在很快（表一第一欄）。您怎麼解釋這個現象？

教師：讓貨幣數量派（Monetarist）驚訝的是，臺灣的通貨膨脹一點也不嚴重。原因是中間發生了「進口使得物價下跌的機能」。當臺幣相對美元還算便宜的時候（在一九八五年之前），臺灣用高關稅保護主義來累積外匯存底，所以進口品的價格偏高。當臺幣與美元的匯率從一九八五年的三九・九：一，升值到一九八九年的二六・一七：一時，外國商品就相對的便宜了。此外，爲了消化過多的外匯存底，一般的關稅也必須降低。這樣做的結果是，對工業界與消費者而言，進口品的價格顯著的下跌。在這種匯率升值與關稅下降的機能之下，臺灣在一九八五～一九九〇年間，雖然貨幣數量有很顯著的增加，但並未發生嚴重的物價上漲。

如果由於外匯過多而導致臺幣升值，外銷的競爭能力將被削弱，外匯存底也會因而減少。如果政府想透過防止升值來保護國內產業在國際市場上的競爭能力，那麼外匯存底將會持續增加。問題在於美國是貿易赤字國，必然會採取干預的措施，不只是干預臺灣，也會干預日本、西德和南韓。所以，所面臨的窘境是：一方面當臺幣升值時，產業將會受到威脅；而另一方面，如果政府能透過升值而減少貿易順差與外匯存底，則物價上漲的壓力會減少。

學生I：我想問的是經濟發展過程中，政府所扮演的角色的問題。Wiles說，歐洲重商主義的學說裏，隱含著有經濟計畫的想法。他們在那時候需要計畫，因爲國家的經濟發展，並不能透過Smith所謂的不可見的手的機能來保證達成，商人的利益不一定與國家的利益一致。在歐洲十八世紀重商主義的經驗中，政府的角色是重要的，法國的Albert Colbert所倡導的經濟政策就是很好的例子。

教師：歐洲採重商主義國家的政府，與臺灣的政府在本質上有很大的差別。就這點來比較並不具有意義，因爲兩者之間的生態環境相差過大。我們倒是可以來談談重商主義的短期關懷與長期目標，前者著重於富裕（例如臺灣的情形），後者重視地理政治上的權力（歐洲的例子）。重商主義有兩股不同的認知，其一是像 Mirabeau 以及 Adam Smith 等人，他們所談的重商主義，是在指涉他們所強烈反對的某類型經濟政策。另一種是德國的經濟學者，例如 Schmoller 和 Cunningham 等人，他們認爲重商主義（Merkantilimus）是一種強烈性的工業化，落後的國家應該用它來爭取經濟上的現代化。臺灣的重商主義很明顯的是屬於第二類的範疇。就 Heckscher 的觀點而言，重商主義思想中最重要的特質，是它憂懼有過多的自由，並且需要倚靠國家來計畫並管制經濟生活。這正是臺灣在一九七〇年之前的寫照。重商主義通常是和國家主義並行的：重商主義會產生國家主義（這是 Schmoller 的說法），而國家主義則會產生管制經濟與獨佔利潤的追逐（rent-seeking）。

學生J：Wiles 也提到說：「重商主義派的人和古典學派的人一樣，他們寧肯讓國家更強而犧牲經濟上的效率與公正。」臺灣的情形是否也是如此？

教師：臺灣很明顯的，並不是在全球的層次上追求國家的力量，反而是把國內的政治權力視爲第一優先，而寧可犧牲效率與公正性，至少在經濟發展的第一個階段（一九五〇～一九七〇年代）時是如此。大部分經濟發展的文獻都在頌揚臺灣的均富成就，Fei-Ranis-Kuo 是這方面最具代表性的著作。Lai（1989）不同意這種似是而非的說法，他認爲臺灣在一九五〇～一九七〇年代之間的快速成長，是因爲採用了適宜的發展策略。但所得分配的平均則是一項始料未及的成果，因爲在此時期所採用的政策，既無減少貧富差距的目標在內，同時也沒預期到這些政策會意外的縮小了貧富之間的差距。

## 從管制經濟到市場競爭

學生K：如果您把臺灣的快速經濟發展，解釋成重商主義式的經濟活動，那麼日本、西德、南韓也都應該屬於這種類型了。您總不能說每個累積金塊的國家都是重商主義者吧？臺灣的新重商主義必須具有一些其他經濟所沒有的特質吧！

教師：你說得有理。就追求國民所得（GNP）成長的觀點而言，你所提到的那些國家是一樣的。問題在於如何去定義重商主義。我們用一個比較簡單但也很實用的定義：重商主義是透過經濟的管制來追逐經濟租。也就是說，只要有人爲的管制，必然會有超額的不完全競爭利潤出現。歐洲在重商主義時期，政府常把經濟的經營權（尤其是海外殖民地的特許權）包給有特權的人，然後抽稅當作國家的收入，這比向民間直接課稅更具效率，同時也較可靠。就二十世紀的新重商主義而言，臺灣在經濟成長過程中的經濟行爲，和美國、英國、日本都有一個很大的不同點，因爲臺灣的政府在發展初期，在國內市場上採取經濟管制的措施（例如金融業、證券業的設立限制），因而創造出相當大的「經濟租」大餅，而只由少數有特許權的機構分享。這就造成了所謂的追逐獨佔利潤的行爲，其結果正如一般基本個體經濟學所說的，必然會導致經濟的不效率以及社會的福利損失。

學生L：爲什麼在臺灣的政府要採取經濟管制的政策？

教師：臺灣在經濟方面的管制，基本上是對那些「策略性的產業」發給特許執照，並對該行業內的供給者之間的競爭予以限制。這和英國的重商主義非常不同，他們是民間可以向皇室購買特許權，取得之後，在那個行業的市場上就擁有權力。臺灣的情況則有其特殊的歷史背景。一九四九年國民政府撤退來臺之後，主要的憂懼是中共會奪取臺灣，所以戒嚴令也一直到一九八八年才取消。在這種戒嚴的情況下，對整個社會的管制是沒什麼好驚訝的，幾乎所有的事都在控制之下：公教人員薪資壓低、工人的基本工資不够生存、禁止罷工與怠工等等。在這種封閉的氣氛之下，經濟管制是一件很自然的事，它只不過是整個社會資源控制的一部分而已，藉以保障政府在國內的控制力。

學生M：您能舉個經濟管制的實例嗎？

教師：我舉一個當時眾所熟知的例子。裕隆汽車公司在一九五〇～一九七〇年代間長期受到獨家生產的保護，它所造成的社會後果是：到了一九九〇年時，一部一九六〇年代的一二〇〇CC車型，市價在一萬美元左右，這至少比美國貴出三倍，品質的差異暫且不說。這項經濟管制所引起的不效率和社會福利的損失，不言可喻。如果有人能夠研究計算出，由於經濟管制、獨佔特許權、關稅保護而引起的消費者福利損失，那必然會具有相當的意義，我也確信，這項數額佔GNP的百分比一定不低。

學生N：歐洲的君主必須倚靠商人的經濟活動來補充國庫，而商人也倚靠政府來保護他們的經濟利益。在臺灣那些受優惠的產業對政府而言，是一項重要的國庫收入來源嗎？如果是的話，那有多重要？若不是，那爲什麼他們能得到寵惠？

教師：臺灣政府對民間獨佔企業的倚賴程度，我雖然沒有確切的數字，但應該比英法在重商主義時期低很多，他們有時甚至五〇％的稅入是靠商人的獨佔稅收。臺灣的產業管制，基本目的是著重於國內幼稚工業的培植，以及對經濟資源的控制。所以，臺灣的經濟管制是內向性的（以國內市場爲對象），而歐洲重商主義的經濟管制基本上是外向性的（海外殖民地區的經營）。

學生O：Ekelund and Tollison 提出一個論點，說：「用追逐獨佔利潤（rent-seeking）這個觀點來分析重商主義，比 Heckscher 等人用特殊的歷史英雄人物（例如不成文法的法理學者）或某些大人物的理論來解釋英國經濟自由化的起源，來得更具有說服力。重商主義衰落的重要原因，是因爲有些人見到了獨佔特許的超額利潤，而想加入分沾油水。這些潛在的超額利潤競爭者，必會想盡辦法、用盡手段，透過政治上的訴求，來改變與政府爭議經濟特權的環境，因而也會改變追求超額獨佔利潤的成本與利得之結構，終而使經濟管制遭到破壞，重商主義因而被摧毀。」換句話說，他們認爲「追逐獨佔利潤說明了英國自由貿易興起的原因，也解釋了重商主義興起與衰落的原因與結果。」他們這一套解釋重商主義興衰的理論，可以用來解釋臺灣經濟自由化的過程嗎？

教師：歐洲的重商主義在政策上有一種雙元性：對海外的經濟活動採取管制（以增國庫稅收），但對國內市場則要求政府儘量的不干涉（以便經濟行爲通暢）。我認爲臺灣的新重商主義有兩套平行並存的系統：既有追逐獨佔超額利潤（rent-seeking）的行爲，同時也有追逐市場競爭利潤（profit-seeking）的行爲。在經濟發展的初期（一九五〇～一九六〇年代），臺灣的經濟政策基本上是跟隨歐洲重商主義早期的傳統，以金塊主義爲首要目標，鼓勵出口以增加貿易順差。但在國內市場方面，非生產性的進口則受到壓抑，經濟政策是屬於以保護國內產業爲主，採行進口替代的策略。這麼一來就產生了兩套經濟行爲模式，國內市場追逐獨佔的超額利潤，而在國際市場上則追逐競爭性的正常利潤。這和英國的例子正好相反。一九八〇年代末期的經濟自由化運動，基本上是在拆解國內市場的獨佔性結構，使它趨向於競爭化，用上述的特別用語，我們可以說，臺灣經濟自由化的運動，就是一套從 rent-seeking 轉向 profit-seeking 的過程。

學生P：您眞的認爲經濟自由化對開發中國家而言，是必要的而且是有助益的嗎？

教師：你的意思是說，臺灣爲什麼要解除經濟管制，從一八八〇～一九八〇年代之間，有過兩股主要的經濟自由化運動：一股是在歐洲，Adam Smith 被視爲主要的倡導者；另一股是一九七〇～一九八〇年代間在所謂的開發中國家流行的，他們的基本信念是，如果能讓民間來做自己的經濟決策，這將對經濟成長最有助益，因爲新古典經濟學教導他們，自由競爭較易達到經濟上的效率。此外，也有一些經濟、政治自由派的思想家，例如 Mises、Hayek、Friedman 等人，在理論上不遺餘力的鼓吹市場制度，認爲經濟自由與政治自由是不可分的共同體。然而，從人類經濟發展史的觀點來看，我比較同意 Hamilton 的看法，認爲經濟自由化並不是一副萬靈丹。從經濟自由學說在二次大戰後、工業國家內相當的盛行，但它也有可能會妨礙開發中國家的成長與發展，理由很簡單：在這些開發中國家內，社會效率尚不够健全，所以某些經濟資源在政府的控制運用之下，會比讓這些資源在市場上自由移動，還更具有經濟效率。如果認爲經濟自由化是超越時空的眞理，那就眞是對人類經濟的發展史太過於無知，經濟自由學說和其他任何一種經濟學說都一樣，是很需要有客觀環境的配合，才能發揮出它們的特點。

當我們就個案來考量時，我認爲經濟自由化在一九八〇年代是有必要的（但在一九五〇～一九七〇年代是否也如此，我並不很確定），因爲整個的經濟潮流已經改變了。這種自由化的思潮主宰了學術界、產業界和政治界，所以經濟自由化的氣氛要比 Adam Smith 的時代更爲有利。簡要的說，我同意臺灣在一九八〇～一九九〇年代需要經濟（與政治）的自由化，但如上面已說到的，這並不表示說在往後的幾十年內，經濟自由化仍是萬靈丹。

在一九八〇年代末期，臺灣的重商主義之所以衰落，是基於對下列事實的認知：⑴、外匯存底過多，臺幣被迫升值，外銷能力與國際競爭力因而受損；⑵、進口管制必須放鬆，以消化部分過多的外匯；⑶、經濟管制時期，獨佔事業的缺失，及其所造成的社會福利損失已引起公眾的抗爭。另外也有兩項與智識面相關的因素：⑴、芝加哥學派自由經濟思想的影響；⑵、一九八〇年代的民主化運動，打破了政治與經濟上的獨佔局勢，經濟上的不公正開始面臨公開的挑戰。

## 經濟史學者的忠告

學生Q：如果您是臺灣政府的經濟顧問，您會建議政府和人民怎麼做？

教師：用凱恩斯的話語來說，臺灣在一九九〇年代初期呈現出典型的消費不足現象，儲蓄的矛盾已經很清楚的顯現出來了，太多的錢到處亂跑。從表一內我們可以很清楚的看出：外匯存底、黃金存量、股票市場都太過熱。前面說過的那個「重商主義的窘境」，確實會傷害到臺灣外匯累積的努力，到頭來反而妨礙了自己的經濟。

我的處方很簡單：⑴、把經濟體制自由化，趕快消化過多的外匯存底，以免匯率的被迫升值在短時間內全面性的傷害這個很仰賴出口的小型開放經濟；⑵、鼓勵消費。馬爾薩斯在十九世紀初鼓勵英國的地主階級和不生產階級（政治家、醫生、律師等）多多消費，以解決消費不足的現象。中國人在傳統的經濟心態是以勤儉爲美德，但時代已經不同了。這和一九五〇～一九六〇年代惜外匯如血的時代已經完全不同了，現在是錢多到不知該怎麼用才好。臺灣的人民應該回顧一下中國的經濟思想史，便會很驚訝的發現，中國歷史上也曾經出現過好幾位消費不足論者。其中較著名的是《管子》內的〈奢靡〉篇，他提倡讓富人奢侈生活，散其財，以給窮人帶來收入的機會：「言富者能不恤其財，則貧者不憚其勞也。」這種消費論與奢靡論，是不容易被以「儉爲美德」的社會迅速接受，但那個社會裏的人大概也沒預料到，昔日爲美德的「儉」，在一九九〇年代竟然成爲禍首，透過「儲蓄的矛盾」與「重商主義的窘境」這兩種機能，妨礙了臺灣經濟的成長。

一九九一・四・一《中國論壇》，三一卷七期

## 參考書目


1. Allen W (1987), Mercantilism. In: *The New Palgrave Dictionary of Economics III*: 445~449.
2. Blaug M (1985), *Economic Theory in Retrospect*, Cambridge.
3. Clough S, Rapp R (1975), *European Economic History*, New York.
4. Bordo M (1980), The effects of monetary change on relative commodity prices and the role of long-term contracts, *Journal of Political Economy*, 88:

1088～1109.

5. Ekelund R, Tollison R (1981), *Mercantilism as a Rent-Seeking Society.* Texas.
6. Hamilton C (1989), *The irrelevance of economic liberalization in the third world. World Development*, 17:1523～1530.
7. Fei J, Ranis G, Kuo S (1979), *Growth with equity: the Taiwan case.* Oxford.
8. Heckscher E (1930), Mercantilism, In: Seligman ERA, Johnson AE (eds) *International Encyclopaedia of the Social Sciences*: pp. 333～339.
9. Heckscher E (1955), *Mercantilism.* London.
10. Keynes JM (1937), Notes on mercantilism, etc. In: *The General Theory of Employment, Interest and Money*, chapter 23.
11. Lai C (1989), Development strategies and growth with equality: re-evaluation of Taiwan's experience, 1950s～1970s. *Rivista Internazionale di Scienze Economichee Commerciali*, 36:177～191.
12. Magnusson L (1987), The language of mercantilism, In: Lowry ST (ed)

*Preclassical Economic Thought*, Boston, pp. 174～184.

13. Tullock G (1987), Rent seeking, In: *The New Palgrave: a Dictionary of Economics IV*: 147～149.

14. Wiles R (1987), The development of mercantilist economc thought, In: Lowry ST (ed), *Preclassical Economic Thought*, Boston, pp. 147～173.

# 儒家思想與經濟發展

## ——經濟史的觀察

八月十七日起，在臺北有三天的學術研討會，以「儒家與現代化」爲主題，其中有一項議題爲「儒家思想與經濟發展」。這是海內外近年來很受討論的議題，例如《知識份子》這份刊物，就出版了兩期專刊，刊載不同學門的不同見解（見《時報新聞週刊》七月十三～十九日中的書評）。

這個議題不是經濟學界提出的，也沒見到經濟學者的意見。本文以長期中外經濟史實的觀點，認爲文化因素（儒家思想）和經濟發展是兩項獨立事件，若試圖在兩者之間建構起顯著的密切關係，那是犯了邏輯上「不相關之謬證」（fallacy of irrelevant proof）。

五、六〇年代的美國漢學界中，有些人套用韋伯的說法，認爲中國之所以無自發的資本主義或現代化的經濟成長，是因爲中國沒有類似西歐的基督新教倫理中的企業精神，儒家的思維方式，以及對財富的觀念，阻礙了中國的現代化。

六〇年代起，日本的經濟成果，給這種說法提出了反例：儒家不是個絆腳石，它可以是催化劑。這個論點，在七〇年代中，更是受到知識界的擁護，因爲亞洲四條龍正好都是儒家文化被及之地。所以，接著日本的例子，就對五〇年代儒家有礙經濟成長之說，提出了現在流行的看法：儒家思想有助於經濟成長。

我們可以直覺的想一想：如果淵源流長的儒家文化，能解釋戰後亞洲（臺灣）的經濟快速成長，那麼，儒家思想又怎麼去解釋亞洲（中國）在二次大戰之前，長期普遍的經濟停滯與落後？

有興趣的人，可以試做一個表格，以中國歷史上的各朝代爲縱軸，以儒家、法家、道家等等文化與經濟制度爲橫軸，在畫出的格子內，塡出某一朝代是在哪一種文化思想下，其經濟成就如何。這樣就可以在長期歷史發展過程中，直接觀察到文化因素與經濟成果間，是否已有相關了。

可直言的是，我們得不出一個文化思想和經濟成就有正相關的規律。目前流行的看法，只是拿戰後臺灣的經濟成果，來逆推儒家思想的經濟貢獻，那是以偏概全之謬。

戰後臺灣經濟的快速成長，因素很多，甚至韓戰、美軍防衛臺海、越戰等因素的貢獻，都不可忽視，這是外在環境因素。在經濟方面，若非國際市場開拓成功，正好臺灣有剩餘的勞力得以從事勞動密集型的工業生產，有什麼文化思想，都濟不了事。

至於儒家思想與商人精神的關係，臺灣近年來的新聞報導，正好提供了許多實例。臺灣的正規教育是以儒家體系爲中心，大部分商人受儒家教育的影響，平均的多於中國歷代中的任何時期。如果儒家文化對商人品德有督正作用的話，那麼，又何以臺灣的商業道德，反而被不是以人文道德爲國家精神的西方國家所詬病？例子很多：仿冒、不守商業契約等等。

舉個例子：去年在臺的卅二家外商銀行中，有廿一家呆帳超過銀行淨值，外銀近年來賠了兩百億的呆帳，使臺灣的國際經濟形象嚴重受損。荷蘭銀行總經理瑞德林說：「失望極了，沒想到會在這裏損失這麼多錢，簡直不能相信九〇%的生意人在欺騙。」（《天下雜誌》，七四年七月期，頁一四二）

其他的批評不用再引了。我們不是以訐爲直，以揭私爲能，而只是認爲，文史哲學家們在談論經濟現象時，要「形而下」一些，尤其要警惕的避免文化迷信。

臺灣近年來盛行「韋伯學說」，有許多人把經濟的強盛和文化、宗教因素連在一起，這在人類演進史上相當牽強。我們把時間拉退兩千年，把眼光放到西洋的例子上，來說明文化因素與經濟成就間的無（直接）相關性。

大體的說，西洋的經濟重心，從希臘（愛琴海）逐漸移轉到威尼斯（地中海），再轉到西班牙、葡萄牙（南大西洋），再轉到西歐（北海），現在是在北美（北大西洋）。以長期的眼光來看，各時期各地區的經濟強盛，和是否信奉某種宗教，或是受某種文化精神的影響，其間的關係甚小。

地理、經濟上的力量，才是主要的關鍵。例如威尼斯在東西貿易上的重要地理位置、西班牙發現新大陸與殖民中南美、英法的海外殖民與掠奪等等。這幾個經濟重心，都已成爲歷史名詞，但其文化仍各自嚴格的保留下來，尤其是阿拉伯文化。英國從日不落國到今日的情景，文化因素又能解釋什麼？

把時間拉長，把不同文化在歷史上經濟鼎盛、衰弱的情形作綜合的比較，我們可以歸納出一個結論：強盛的經濟，是文化發展、累積、拓展的必要條件（如戰後的美國）；而文化的精緻及其影響，則是經濟強盛後的產物（如十九世紀的西歐）。

一九八六・十一・廿《清華雙週刊》

# 開放與抗拒之間的臺灣經濟

## ——經濟自由化的生成背景及其展望

一九八〇年代以來，臺灣經濟自由化之議在朝野蔚起。一九八六年當中，已有利率、匯率、黃金買賣、菸酒開放進口等「自由化」的措施。但觀其實質與效果，不免令人深有「小腳放大」的感慨。

早自清末，嚴復便藉翻譯《國富論》來闡揚經濟自由主義，而近百年後的臺灣經濟，卻仍爲經濟自由與開放而奮鬭。本文以臺灣近三十年的經濟自由化措施爲素材，從經濟理論與史實變遷的觀點，說明臺灣的經濟體制在面臨國際經濟競爭時，採取經濟自由化措施的境況。

「經濟自由化」這個概念，是在十六世紀西歐的民族國家形成、重商主義興起之後，因爲有了弊端，所以才有亞當・史密斯的「自由放任」古典經濟學說。現代國家中，計畫經濟的國家也有經濟改革、自由化之說，如八〇年代的中共；混合型的社會主義國家，如法國，在一九八一年社會黨執政後，在野黨也開始有「新自由主義」之說，提倡反對國家計畫與企業及銀行的國有化。也就是說，經濟自由化之議是個普遍現象，在不同時期的不同經濟體制內都存在過，其主要目的都在消除經濟不效率的障礙。

要探討一九八〇年代臺灣經濟自由化的問題，必須回溯尋找它的歷史特質。籠統的說，中國的原始經濟到了上古的夏商時代就逐漸社會化了。周代城邦封建制度之後，雖然和西歐的封建系統在性質上完全不同，但大致可以說，秦漢之後中國的「民族國家」大致已形成，雖然有過貴族的短暫統治，但帝國的基本經濟特質，則一直延續到鴉片戰爭，或甚至到民國初期。

清末變法以來，中國的體制成了很有趣的組合，有英國的郵電系統、德日的大陸法律體系、德式的陸軍、美式的空軍，政治上有留日、留美、留歐以及雄厚的本土派，其中又有各派各省之傾軋。而這個複雜的大陸體制，自一九四五年之後，施用在一個被日本殖民開發半世紀的海島臺灣。臺灣近年來經濟自由化的障礙，除了五〇年代後的管制措施之外，還要加上遷臺時附帶而來的舊體制及其精神。

換個方式說，臺灣目前施行的經濟法規（包括公司法、合作社法），有許多是封建帝國剛結束不久的三〇年代產品。而八〇年代的臺灣，面對激烈的世界市場競爭，要邁向經濟自由化時，卻仍然籠罩在祖先時期軟體設計的陰影之下。

## 臺灣經濟自由化的前進軌跡

一八九五年馬關條約之後，日本對臺灣的農業部門有過相當的投資，以期「農業化臺灣，工業化日本」。基本上，二次大戰結束之前的臺灣經濟，雖然有顯著的成果，但其基本性格是殖民式的。

一九四九年國民政府遷臺，這個轉變對臺灣的經濟起了激烈的衝擊：臺灣不但失去了一九四五與一九四九年之間，原爲主要輸出地的中國大陸市場，還另外承擔了約一百多萬隨政府來臺的人口。這種政治和經濟上的驟變，立即引起多層面的社會經濟問題。

五〇年代的發展約制，大概有兩方面：一是政局的不穩，不利於企業的投資活動，加以幣值波動，民心不平。二是臺灣的經濟碰到了窘境：(1)、失去了中國大陸的市場；(2)、受到日本貨的進口競爭；(3)、缺乏國外市場；(4)、外匯短缺。這時期的經濟策略，是採取內向發展的進口替代政策。其意義是：既然無國外市場，就先開發國內市場；而國內發展基本工業所需的資金和機器設備，就以出口基本農產品去換取外匯，然後買進資本財（以紡織機爲例），生產本國所需的紡織品，以替代原先需要進口的外貨。這個過程，是爲「進口替代」，裕隆汽車就是顯例。這種政策的特色是管制進口，保護「幼稚產業」。表一列舉臺灣各個發展階段的特性，以及經濟管制措施的變化。

第二個階段是出口替代階段，也就是進口替代時期的「幼稚產業」，已逐漸壯大，可以用來「出口」，「替代」原先需要進口的產品。這大約是一九六〇～一九七五年之間，臺灣外銷大景氣的時期，之後的第三個階段是處在一個進口較高品質的生產設備，同時出口品質也較技術密集的階段，稱爲第二次進口及出口替代階段。另一個特色是進出口的總額，超過國民生產額（之所以會超過，是因爲其中有一部分的出口，是進口半成品加工後再出口）。

回顧這三個階段經濟管制措施的變化。我們可看出一個明顯的現象：第二階段的措施，似乎都是在撤銷第一階段的約制。而似乎只有第三階段，才是政府眞正在鼓勵出口與國際化，以求增強國際市場上的競爭力。

表一　經濟發展的階段與經濟管制措施的變化

| | | |
|---|---|---|
| 進口替代階段（一九五三～六〇） | (1)缺乏的資源：外匯、企業家、技術<br>(2)生產的技術：自然原料及人工密集<br>(3)產品性質：差異化小<br>(4)市場導向：國內市場爲主<br>(5)政策方向：保護國內市場、進口受阻<br>(6)外人投資：很少 | (1)管制外匯（一九四九年六月）<br>(2)進口管制（一九四九年九月）<br>(3)複式匯率（一九五一年四月） |
| 出口替代階段（一九六一～七五） | (1)缺乏的資源：較前階段大爲減低<br>(2)生產的技術：勞力密集<br>(3)產品性質：國外市場大、出口大幅成長<br>(4)市場導向：主要依賴出口擴張<br>(5)政策方向：採取抵消政策組合，限制進口鼓勵出口<br>(6)外人投資：增加很快 | (1)加速經濟發展計畫、十九點財經措施（一九六〇年一月）<br>(2)獎勵投資條例（一九六〇年九月）<br>(3)修訂進口關稅（一九六〇年）<br>(4)匯率單一化（一九六三年）<br>(5)放寬進口限制（一九六四年）<br>(6)廢除保留外匯登記制度（一九七一年一月）<br>(7)外銷退稅、外銷低利貸款<br>(8)加工出口區（一九六五年） |

| | | |
|---|---|---|
| 第二次出口和進口替代階段（一九七五以後） | (1)缺乏的資源：高級技術、企業家、鉅額資本<br>(2)生產的技術：資本、技術密集<br>(3)產品品質：國內市場產品差異大、出口市場逐漸重要<br>(4)市場導向：國內外兼顧<br>(5)政策方向：自由化<br>(6)外人投資：維持一定水準，國人已開始向外投資 | (1)獎勵出口、外人投資<br>(2)發展策略性工業（工業技術研究院）<br>(3)科學園區（高科技工業）<br>(4)黃金自由買賣（一九八六年）<br>(5)匯率機動化（一九八六年） |

一九五〇～一九六〇年間，臺灣和其他開發中國家的難題，是資源（廣義言之，包括技術、資金、企業能力）在質和量上都很匱乏。所以政府透過管制措施，取代原來應由市場機能來發揮的任務，因而導致市場機能受到抑制，使得要素價格、經濟效益等都受到嚴重的扭曲。例如：因民間企業家及資金不足（加上社會和政治因素），所以五〇年代的公營企業強過民營企業，而至今終見其害而無法善後。再如爲保護所謂的幼稚工業，如汽車業，反而使臺灣的汽車工業落在韓國之後，並使企業家獲得超額利潤、消費者權益受損，國家有限資源未能有效地發揮潛力。這是市場失靈（market failure）和政府失靈（government failure）的相乘效果，也正是亞當・史密斯在《國富論》中大肆攻擊十七、十八世紀重商主義的原因。

所謂市場失靈，是古典學派經濟學者認爲市場的（價格）機能是一隻最好的「看不見的手」，可以使每個人得到最大的滿足，但事實並非如此。例如私人不肯投資的公共財（公園、教育設施）仍需政府以不圖利的立場，才更能使大多數人享有更好的福利，所以市場機能並非萬靈丹。而政府失靈，則指政府的措施，原應在彌補市場機能之缺失；但由於行政效率或政策偏失，反而導致反效果。一九五〇年代的臺灣，市場機能在政治、經濟資源等約制下，未能完全發揮，所以由政府機能取代，而其效果在當時是收一時之效，問題出在「政策的時間落差」：政策的調整恆慢於現實狀況的變化。

借嚴復的話來說，五〇年代的管制措施，眞是「使民舉手觸禁，移足犯科，皆使物產騰貴而反乎前效者也。」至於所保護的工業，三十年之後，仍無法與國外競爭，正如嚴復所言：「名曰保之，實則困之，雖有一時一家之獲，而一國長久之利所失滋多。」

## 看得見的脚

五〇年代以來的臺灣經濟自由化過程，很類似十七、十八世紀西歐古典經濟學者力倡自由經濟「自由放任」的過程。西歐在十五～十八世紀之間，資本主義逐漸形成，欲在世界市場上爭奪，需靠國家的整體力量。所以，重商主義的大致意義是：在國家干預（管制）的保護主義（關稅）下，經由貿易、工業，來累積國家財富的經濟政策。在三個世紀間，西歐各國的「重商主義」各有其特色與異同，但其共通處，是以國家為經濟策略的主持者，來增強國家的經濟力量（累積金銀）。而在實際操作面上，因為有經濟實力者多為王公貴族或富豪，所以幾乎是在為少數人謀利。久而久之，某些行業已無國際競爭力，但因政治考慮而仍以國家的力量來支撐不效率產業，終於使經濟的新生代，起而反對重商主義的國家經濟政策所帶來的反效果。其中最富盛名的，就是亞當・史密斯所代表的古典自由經濟理論：自由放任，讓那隻看不見的手，來代替那隻會毀壞經濟成果的「看得見的腳」（政府失靈的經濟政策）。臺灣在八〇年代高倡經濟自由化，主要的目的，就是要請那隻看得見的腳減少負面的作用。

然而，為什麼幾十年來，以經濟成長為首要目標之一的臺灣，會有經濟自由化的呼聲？主要原因是因為臺灣幾十年來的經濟政策，陷入了「重商主義的窘境」。西歐的重商主義派，大致是以增加國家財富為基本政策，而金銀的數量，是財富的表徵。所以傾全力出口，增加貿易順差，把貿易國的金銀賺回本國。臺灣的「外匯情結」，基本上也是這種心態，雖然金銀已改為美元，但同樣都是國際間的重要支付工具。當一國的金銀量（等於我們的外匯存底）因外貿順差而大幅增加時，國內就產生「過多的錢幣追逐過少的財貨」，導致物價上漲，結果是出口競爭力降低，經濟成長衰退。這種積極累積金銀（外匯）的作爲，萬萬沒想到反而會妨礙到日後的國際競爭力與經濟成長，故而陷入「重商主義的窘境」。臺灣辛苦的累積在五〇年代視爲血汗的外匯，現因存量過多，臺幣被迫升值，產品的對外競爭力受損，有些較邊際的廠商已難以承受。這和十八世紀西歐反重商主義潮流、提倡經濟自由化，在原理上很類似。

近年來較完整具體、公開陳述自由化呼聲的，除了報章上的研究之外，是一九八五年「經濟革新委員會」的產業組召集人王永慶。他以一本《革心・革新》的二十萬字建言書，強調經濟自由化的精神，提出降低關稅減少保護、大宗物資進口全盤自由、取消所謂的「產銷秩序」、開放黃金買賣、設置自由貿易區、開放公民營企業競爭等諸多建議。截至目前，只有黃金自由買賣做到，但效果不佳。

## 開放與抗拒的因素

臺灣目前的經濟自由化步驟，正在開放與抗拒之間拉鋸，「看不見的手」和「看得見的腳」正在相較力。現將雙方的主要立場，述之如下：

## 一、開放的呼聲

**個體產業面：**

㈠、不當保護不效率產業。例如裕隆、中鋼等長久為論者所詬病者。這會使得產品價格不合理，下游生產者與消費者權益受損。

㈡、資源配置不效益。政策性的公營企業，通常會扭曲市場機能，但又未能有效達成預期的經濟、社會、國防目標。如中船、臺鋁、臺中港。

㈢、政府部門與民間爭利。如工程圍標、菸酒專賣、加油站公營等。

**總體政策面：**

㈠、外匯管制過嚴。民間無法有效運用外匯，國際經濟行為的機動性受約束，外匯只能靜態的投資（存款生息）。

㈡、貿易限制。管制進出口物資，限制交易對象，造成非經濟性貿易障礙。

㈢、行政體系複雜。行政管制過多，主管機構複雜，文書表格往來簽章，實質效益遠小於經濟及社會的成本。

## 二、抗拒的阻力

**個體產業面：**

㈠、保護本土產業。面臨國際競爭，本土的產業會以保護幼稚工業等理由，要求在關稅或其他方式保護某個年限，以免利潤受損或甚至不易存續。如錄放影機產業。

㈡、避免外人控制。業者認爲自由化、國際化後，外國企業會挾其資金與技術優勢，鯨吞蠶食本土企業。近年的臺灣松下電器卽是一例。

**總體政策面：**

㈠、行政體系的保守結構。在制度和人員上，都有這種可稱之爲「X惰性」（卽無以名之的惰性）。行政體系的「人格」發展，趕不上經濟發展的步伐；行政人員在年少時的教育，已培養出適合昔日體制的特性。

㈡、利益集團的壓力。如國內工程的議價方式、保護公營企業的產品等。

㈢、褓姆主義。三十多年來的保護、扶持國內產業，可想像會捨不得已被管養三十多年的「成人孩子」脫離。

㈣、安全的動機。對外匯的保留是個例子，以防有萬一情況時得以備用，但通常是安全係數過高。

現在所謂的經濟自由化，其實是經濟效益化、公開化、公平化的代名詞，其目的在使國民生產額更高。自由化已是必然的趨勢，現在是在拉扯的過程中，各行各業的「理性」經理決策者，已各自有因應的準備，只是在結構上恐怕或多或少會受到衝擊。以「衛生筷」這麼本土性的產業，都快面臨美國大量生產低成本、高品質的威脅，這就已不是一葉知秋的事了。

在這轉換點上，除了業者本身的努力外，也需要那隻「可見的腳」在逐漸抽離之前，能像日本的「通產省」一樣，既能減少干預，又能依據市場導向，有計畫的撤掉國內夕陽產業，在較高的層次上混合運用「看不見的手」和「看得見的腳」。

有人認爲，臺灣這個海島的經濟，是個「淺碟子」經濟，看似寬平，但沒深度，受不了衝擊。也有人說是「鳥籠經濟」，平常被關住，不自由慣了，要開放自由，還眞使鳥兒手足無措，眞像心理分析家弗洛姆（Erich Fromm）所說的：「個人有放棄自己獨立自由的傾向，……去尋求第二個束縛，來代替已失去的原來約束。」我們的經濟體系內，確實是有「逃避自由」的人，有些是離不開奶瓶，有些則是難以面對外界光線的溫室小草。

一九七〇年代，智利政府聽從芝加哥學派自由主義經濟學者之主義，由傅利曼（Milton Friedman）率領一羣「芝加哥男孩」（Chicago Boys），進行經濟自由化。全面快速的自由化，使得智利物價高騰，不得其利反受其害。臺灣的情形不同，一因內政尚稱穩和；二因已有多年的心理準備作緩衝；三因幾十年來已累積一些財富，中級的刺激還可承受；四因國際市場還景氣，競爭力也够（如果匯率不太糟的話）。

也有人認爲，如果經濟完全自由化後，臺灣會受不了進口貨和國際企業的競爭，結果是「大家都失業在家裏吃巧克力糖」。這個論點有一個隱含的假設，就是國內產業會承受不了，會造成嚴重的失業等社會問題。這也是褓姆主義的善意過慮。臺灣的某些產業確實是不適當的存在，有此機會改善經濟結構與體質，或許是件好事。

## 政府角色的再確認

自由的國家，是人民決定給政府多少權力；不自由的國家，是政府決定給人民多少權力。這是法國最近提倡新自由主義經濟，反對社會黨經濟政策的說法。

現代的「剝削者」（或是資源的浪費者），是一個從前被忽略的角色：政府。不論是市場經濟或計畫經濟的國家，也不論是哪個政府執政，都要小心地減少因計畫錯誤、行政效率不高、資源配置不當，而導致不效益的浪費。而這種浪費，才是眞正的大損失，比哪一個階級的剝削都還鉅大。

倡導經濟自由化，就是要讓市場經濟機能這隻看不見的手來運作。用傅利曼的話來說，「市場經濟所追求的目標是經濟自由。讓人們自由的去創業、競爭、冒險、成功，以及失敗。沒有一項誘因比經濟自由更能鼓舞企業家。」

市場經濟自由制度下的政府，傅利曼認爲只要限在下列三項功能卽可。(1)、仲裁者：制訂、執行法律、判決公正與否；(2)、控制自然獨佔：如郵電、自來水、電力等需要大規模投資而只適合獨家經營者；(3)、控制外部性：如管制環境品質、公共健康衛生、公共財（公園、學校）的設立。市場機能主導的運轉，並非毫無缺點，但他認爲「不完美的市場機能，至少能和不完美的政府一樣的好，或甚至更好。」也就是說，他認爲「看不見的手」比「看得見的腳」可靠。

我們的立場不在（也無能力）提出全盤有效的經濟自由化方案，而是從歷史演變的角度，提供一個烏瞰圖。我們同意目前的臺灣經濟應該走向自由化與國際化，但這並不表示經濟自由化是超越時空的眞理。因爲如上所述，市場機能也有失靈的時候，我們的觀點是，一九八〇年代的臺灣經濟，如果沒有「看得見的腳」，成果將會更好。

《一九八六臺灣年度評論》，圓神出版社

## 參考書目


1. 王永慶，《革心・革新》，臺北：聯經，一九八五。
2. 林景源，〈臺灣工業化之研究〉（「臺灣研究叢刊」第一一七種），臺北：臺灣銀行，一九八一。
3. 賴建誠，〈經濟發展與所得分配：臺灣經驗的重估，一九五〇～一九七〇年代〉，《清華經濟》，創刊號，一九八六。
4. M. Blaug, *Economic Theory in Retrospect*, Cambridge: Cambridge Univ. Press, 1985.
5. S. Ho, *Economic Development of Taiwan: 1869~1970*, New Haven: Yale Univ. Press, 1978.

# 經濟生活中的「百慕達三角」

八月卅一日《民生報・生活版》分析臺灣的消費物價比香港高出許多。而我們都知道，臺灣的消費品質卻比不上香港。所以，在我們這個開發中的經濟體制內，不但國民所得仍有待提升，而且還要忍受高價位低品質的消費，使得「淨經濟福利」的理想，一時似乎仍感遙遠。

在國民所得不到五千美元的經濟體制裏，要花一萬美元才能買到最低一級的汽車，花將近三美元去消費一個速食產品，這些都是一般高所得地區的人們，很難想像的事情。本來，在經濟愈不開發的國家中，才愈容易發生不合理的消費行爲。我們的機票比國外貴，服務品質通常又比不上先進國家，而業者卻大嘆苦經。然而，這些「超額利潤」到那裏去了呢？不見了，消失在「無效率」的「百慕達三角」內了。至於造成這種「百慕達三角」的主因，在臺灣可能是制度性的：制度與政策的因素，使得消費者要付出高價格，去消費低品質的產品，如汽車、機票、大眾交通工具等。

歷史上有封建式的經濟體制、資本主義的經濟體制、社會主義的經濟體制等。在這些體制中，民眾若陷於貧困，往往是由於有少數人獲得過多的利益。而我們現在這種「制度性」無效率的現象，則是全體受害，而無人獲利。尤其是公營企業，受到保護的產品，更是如此。在消費的層次上，我們應學習做精明的消費者，而不必是「泛愛國主義者」。

在超額利潤的地方，就會有攫取暴利的「蟲」。但至少，還有「蟲」是受益者，而且目標明顯，有方法可治。可怕的是：消費者與業者兩蒙其害的「制度性剝削」。新的經濟上的「蟲」，已經不再只是社會上的一個階層，而可以是一項制度。積極進取、有競爭力的政府，必須在「國家已經為人民做了什麼」以及「人民為國家做了什麼」這兩組命題之間，作雙向的思考，以求取一個平衡的答案。

一九八七・九・四《民生報》

# 獎助人文學術著作翻譯

臺灣在人文社會學界方面的研究，尤其是由西洋引入的人文理論學說，能在國際期刊上發表的著作不多。而莘莘學子與知識界大眾，想直接與原典接觸，所遇到的困難，語文障礙是最低的一項。眞正的阻礙，是原著的內在邏輯體系、隱含在文字背後的隱喻、思想來源、暗指，以及該著作在整個思想體系中的位置。

目前臺灣很需要靠專業人士來引介這些思潮。而我們常看到很多所謂的「論文」，是屬於導論性的介紹某些學者的思想，或竟然「評判」起某些學派。評判是應該的，但我們並不認爲大部分的「評判者」有資格做這類工作。其負面作用，是誤導未能接觸原典核心意義的外行讀者。而支持這種原典著作「幼稚化」的一項制度性因素，就是這類的「論文」能算作「著作」，可以申請學術補助，可以當作升等論文。

我認爲大部分這類介紹西洋人文理論的「著作」，最多只能當作一本翻譯書中的「解說」；「評判」也最多只能放在譯注的部分。所以，我建議獎助這些「著作」的機構，也該獎助翻譯具有學術價值的人文科學著作，而且也能把譯作算作是一種「研究」。這總比低層次的介紹，來得有實質的學術意義。以國科會的方法爲例，凡有資格向國科會申請研究獎助者，可將原書送請審核有無翻譯價值，每年契約譯注約三百頁左右，之後以「研究成果」申請研究獎助，以審核譯注解說是否達到獎助標準。

有人會說：國科會是以研究爲主，怎麼可以拿翻譯當作「研究成果」？沒錯，但也只有這樣，才能眞正有系統的幫助西方學術思潮在中國正確的播種。因爲有許多「研究成果」，實在比不上譯注一本著作的價值。既然是要國家科學長期發展，就寧可在這一非常階段，鼓勵基礎的學術譯介，而不是獎勵無實質貢獻的「研究」。

若國科會能有制度的獎助人文學術著作譯注（教科書不算），然後與出版機構（如編譯館）合作，而且可作爲「研究成果」，則十年內，筆者預期可使臺灣與日本在人文學術廣度上的差距，有系統的縮小。

我們的人文社會科學界，在理論部分，目前最好的方法是多「讀書」，能把原著弄懂，好好寫一篇解說，詳細的注釋，學術界和讀書界就感激不盡了。要有眞正西洋學說的「研究成果」，那是很少數的上等之才，或甚至下一代，才能在國際期刊上爭一小角。中等之質的大多數，還是努力爲下一代做準備工作吧！

一九八七・九・十《中國論壇》，二四卷一一期

# 閉塞的文化偏食症

有人說，每年諾貝爾文學獎對臺灣最大的意義，是在告訴我們一位外國作家的新名字。今年的諾貝爾經濟學獎得主，竟然也有了這種效果，眞是讓近二十年來以人文社會學科「顯學」姿態出現的臺灣經濟學界尷尬不已。這顯示了一個很基本而且很重要的問題「文化閉塞症」。

今年的經濟學獎得主是法國的摩里斯・阿雷（Maurice Allais, 1911～），他在英美經濟學界不爲人所熟知，但他有兩位學生卻是人人敬重。一位是德布赫（Gerard Debreu, 1921～，一九六二年起任美國加州柏克萊大學經濟學教授）。另一位是在歐洲鼎鼎大名的馬蘭渥（Edmund Malinaud, 1923～，一九七四年起任法國經濟統計研究所所長）。這兩位的著作臺灣都有影印本，也爲人所熟知，但依報章上的反應，我想有百分之九十八以上的學術界人士，完全不知道他們老師的存在以及由他所產生的影響。我建議去看他們書中的索引，找出Allais的名字看一看。另外，更重要的介紹文獻，是 *American Economic Review* 在一九六四年 Vol. 54 No. 4 Part 2 pp. 4～64 由比利時魯汶大學 Drèze 教授所寫的一篇文章，分析、評介戰後法國經濟思想的主要貢獻，那才是行家應該要細讀的。

這引申了另一個重要的問題「文化偏食症」。戰後臺灣學界在「舶來品」方面，幾乎是被美國文化所獨佔，在中高階層的社會裏，甚至形成一股談「美」色驕的心態。言談中愛夾帶幾個簡單的美國字句，以留（遊）美經驗爲社交上的辨識符號，大學生中談起留美計畫時，那種幸福洋溢的樣子，眞使人爲臺灣的文化嘆氣。臺灣的社會裏所謂的「國外」，幾乎就是美國，「西洋歌曲」就是美國的通俗音樂，「原文書」就是美國書，甚至連英國書都少見了。

我常在想，我們和日本在人文社會科學上的差距（也就是文化閉塞的差距），正好是日本比我們多了一個〈岩波文庫〉，不多也不少。他們具備有從各種語文原著譯成日文的社會條件，從人才、市場、社會性的支持到學術性的鼓勵。自明治維新起至一九七〇年代，亞當・史密斯的《國富論》有十四種不同的日文譯注版（中文有三種）。法國哲學家傅柯（Michel Foucault, 1926～1984）的《詞與物》（一九六六）一出版，兩位日本學者花了七年的時間詳加譯注，並製作了日譯本的索引，從一九七四年出版到一九八六年時，已發行了十九刷。大陸雖也已譯出，但中文學界有誰能寫出一篇好的解說？

我們的人文學界，我建議少去做那些表層式的「研究」，請多多譯注基礎性的原典著作，讓我們的下兩代有機會能在這種養分的滋潤下，在國際的人文社會學界中提出「有效的論證」。

閉塞、偏食的臺灣人文學界，也許美國已經很够我們景仰了，但也請不要忘記「井外有井」。您對日本、德國、瑞典的同行，也知道一些嗎？

一九八八・十二・十《中國論壇》，二七卷五期

# 學術嬰兒症候羣

一九五〇年代前後，世界嬰兒數量急速上昇（baby boom），臺灣也是在這個潮流下有了大量的新生代出現。經過了三十年左右的養成，這批人當中有一部分成了臺灣人文社會學術界的主流。他們的表現，依國際人文學界的水平來看，具有相當的嬰兒性格。他們之所以是嬰兒，是因爲他們「自大」、自我膨脹，在這個小井裏以大青蛙自居。他們下筆萬言，胸無點墨，有詩爲證：「幼有神童之稱，少懷大志，長而無聞，終與草木同朽焉。」

臺灣近十年來的出版事業過度的發達，出版了太多的學術垃圾，約可分爲兩種：一種是專業研究人員的學術研究，他們夙夜匪懈的成果，在學術界上根本不重要，這種垃圾是高級的，可以保留十年後焚之。另一種是出版後隨即可毀棄，並控之以浪費社會資源罪名的「西洋思想評介」。

尤其在哲學界裏，用一點時間隨筆寫了一些介紹性的文字，結集出版時竟然說是要與

「學術巨人辯論」，眞是目中無人到了極點。也有人在一本書中，比較了三位近代思想界「巨人」的體系，我想那本書可以加上一個副標題：侏儒眼中的巨人。

還有不少剛出爐的「博士」，一進入文化市場就「文思泉湧」起來，過了幾年之後，本行的專業基礎益發的鬆垮，轉入大眾媒體，寫一些比西方一般文化記者更差勁的「報導」。這樣的學術水準不是嬰兒性格麼？更糟的是，這些有執照的學術文化記者，大都只在名詞之間搖晃，連「概念」的層次都沒介紹好，更不必說「體系」了。這樣的文章，會誤導較沒判斷力的初生嬰兒，判斷力較好的少數才稍有免疫力。

我希望教育部每年在教師節時，都要印一份荀子的〈勸學〉篇給大學的教員，尤其是人文社會科學的。我也希望談論韋伯這些「名人」的臺灣大師們，把你們的宏文寫給在外國貴行的專業期刊，只要發表一篇，我立刻閉口。我甚至認爲，臺灣人文社會科學的環境，最好的程度大概正好適合譯注西洋經典，至於研究，還是免花力氣去製造垃圾了吧！我們的文化界也應成立一個「消費者基金會」，幫助我們這些文化財的消費者檢舉出劣品，免得總在吃嬰兒食品。

一九八八・十二・廿九《自立晚報》

# 學術靈媒

在超自然的現象裏，靈媒是人與神溝通的必要中介，因爲如果神願意和人直接溝通，那麼久而久之「神性」的基本要件（不可捉摸性）就消失了。所以靈媒是必要的，問題是：靈媒的優劣與否關係甚大。在眞實的社會生活裏，也有很多的靈媒現象，例如新聞局長就是個「層峯」與百姓之間的靈媒。

在臺灣的人文社會學界中，靈媒多得不得了。在民國五〇年代流行過存在主義，後來又有結構主義，以及許多大小不等、來源不一的主義。例如在《文星雜誌》這樣的「神壇」之內，就有過大小不同優劣不一的靈媒，把一知半解的「神意」，用歪歪倒倒的方式，傳達給一些知識貧血急待進補的文化沙漠孤兒們。到了七〇年代又有了韋伯熱、傅柯熱、新馬克思主義熱。其實現象是一貫的：不同年代的乩童在傳達不同屬性的神意。

這些乩童們，在韋伯熱時期就像是韋伯附了身一樣，身體抖動，進入恍惚狀態，說了一些半神半人的話。他們和廟會乩童的唯一區別，是智識上的神無法控制乩童的扭曲與誤導。等韋伯諸神一退，這些乩童立刻還原，與常人無異，只是在社會上留下了一些文字殘骸。過了幾年，後現代主義的神一來，又出現一些新乩童，週而復始，這就是近三十年來臺灣人文學界的乩童現象。

有些好乩童是值得讚佩的，他們眞的是在努力的了解神的旨意，而且謹慎的在做好靈媒的角色。社會上應該要感激他們，雖然他們的通靈時間很短暫，但也流了不少辛苦的汗水。該抨擊的是那些不敬業的乩童，同時要當三、五個神的靈媒，而且多半是假借神的名義在顯示自己的膚淺。雖然消費者並不是完全瞎眼，但這卻已經誤導了不知多少幼小的心靈。

在臺灣的人文社會學界裏，得了博士學位之後的最佳任務，就是去當個合格的學術靈媒，把高度文化所發展出來的精華，小心謹愼的傳達給求知心切的學生及社會大眾知識界，讓別人有機會接觸到另一個層面的文化。所以，我積極的呼籲，讓我們當一個好的乩童，不要讓讀者笑我們跳得不好。善哉！

一九八九・一・十九《自立晚報》

# 臺灣所得分配平均的原因

近十幾年來學界的刻板印象是：臺灣四十年來經濟發展的特徵是「均富」，也就是在經濟發展的過程中，同時也達到了所得平均化的成果。

這個印象當然是學術界研究出來的，其中以費景漢、郭婉容和耶魯大學的 Ranis 教授爲最主要的權威研究者，他們最重要的代表作，也是爲世界經濟學界所熟知者，是一九七九年由牛津大學（爲世界銀行）出版的：《成長與公平：臺灣的個例》以及之後所出版的一本介紹臺灣成功故事的著作，和在各處發表論文，這些都是用英文發表，有相當的學術水準，但也有資料運用方面的缺失。

由於資料條件的限制，使他們得到了一些可爭議的詮釋，而一般的傳述者在敬仰他們的學術水平，以及在這方面的研究不比他們深入時，就容易把他們的結論一般化、口語化、形象化。他們的主要結論是說，臺灣在經濟發展的過程當中，並沒有發生 Kuznets 的陷阱，也就是說並未如一般開發中國家的例子一樣，先會造成所得的不均化，之後才慢慢的又平均化。我有一篇研究，認爲這種說法不完全正確，尤其是在推理的過程方面，在此無法詳述這些較專業的論證過程。

其實大家都同意說臺灣的所得分配比一般開發中國家的要平均，例如印度、拉丁美洲等等，這是事實，然而大家在生活裏也深切的感受到，臺灣社會中的「財富」分配是有很明顯的差別，尤其是一九八五年之後地產、房價、股市的狂漲，更讓人有深刻的印象；抗議社會不公平的事件也逐漸增多，包括最近抗議無力購買自己房屋的「無巢氏」（蝸牛族）在內。

爲什麼學者的研究與主計處每年公佈的所得分配調查報告，和社會上的感受有如此尖銳的對比，原因出在所使用統計資料上。官方和學術研究的所得資料是從全臺灣戶口內抽樣調查（〇・四%，約兩萬戶以下），然後計算他們的所得差異，這樣所得出的所得分配當然會相當平均，這有一項制度上的因素。臺灣公共部門的就業人口所領的都是「統一薪俸」，部長和一般職員的薪資受了「制度性工資」的限制，差距必然有限，除了佔人口比例很少數的企業高階層人士之外，大部分家庭的薪資所得差距不大，而大家也都覺得，家庭之間財富的差距則相當不小。

所以問題就出在這裏，如果財政部能開放資料，讓學者去研究臺灣財富分配的狀況，那麼，臺灣的「均富」眞況就可能會是一個「潘朶拉盒子」了。

一九八九・九・十《中國論壇》，二八卷一一期

# 書評

# 《外資與中國經濟發展》讀介

書　名：*Foreign Investment and Economic Development in China,* 一八四〇～一九三七

著　者：侯繼明教授（Prof. Chi-ming Hou）

出　版：一九六五年（Cambidge: Harvard University Press 出版），一九七二年臺灣虹橋書局影印

頁　數：全書共三六〇頁、分導言、本文九章共二二二頁，附錄圖表八頁、注釋四〇頁、書目、詞彙二四頁、索引一〇頁

## 前　言

鴉片戰爭後，列強勢力開始侵入中國。一百年來，列強為自身利益，以帝國主義的方式，想使中國成為殖民地或次殖民地。這種情形，在經濟行動上最引人注目；列強在華的經濟投資與貿易行為，一般皆認為有礙中國經濟發展。這是個一直在爭論的問題，著者運用多方面的資料，以客觀的態度，佐以理論上的證明，提出不同的看法，認為外資有助於中國經濟趨向現代化。因為外資的投資利益大都再轉投資於中國；中國企業家也因而興起；而且傳統的經濟型態仍佔絕對優勢，外資在基本產業上比例甚小，出口也未呈現不均衡的發展。若以非經濟的觀點來看外資在華活動，而忽略其對華經濟實質上的貢獻，則易失之過偏。自然，外資對華的影響不僅在經濟層面，其對政治、社會、心理等之影響不在本書的討論範圍內，本書只在討論其對中國經濟趨向現代化的影響。

著者研究的時期，由鴉片戰爭起至七七事變中日戰爭爆發止。著者認為此項研究，可以更了解中國在這段期間複雜的社會變遷，同時也可藉此項變遷模式，更易了解其他開發中國家社會、經濟的變遷。本書是著者在美國哥倫比亞大學所作的博士論文擴充而成，所用資料以哈佛燕京學社圖書館所藏為主，書後所附書目相當齊全，也是本書一大貢獻，使有志研究此方面問題的人有更明確的指引；腳注也很詳細，並附五十二個圖表，可看出著者之嚴謹。

## 各章介述

**導言**：列強入侵中國後，其對華之經濟活動，一般認為有幾項害處：⑴、破壞農業，並使傳統工業不易生存；⑵、外國企業將在華投資及不平等貿易利益所得匯回本國，造成中國經濟枯竭；⑶、藉其政府政治之力，及其優勢經濟競爭力壓迫中國企業，使其無茁長機會；⑷、在政治、心理、社會、道德上造成不良影響。持此論者，未必對外資與中國經濟發展有深刻認識，易陷入因其他影響而產生的情緒化反應，如政治、民族自尊心等。間亦有經濟理論支持此說，如 Singer-Prebish-Mydral 的吸收理論，認為出口貿易的利益會被投資國攫取吸光。但此理論亦受批評，且中國的背景與其他殖民式的國家不同，效果亦自相異（參閱原書頁五）。著者在導言中簡要的介紹中國政府、民間與學者間各不同觀點對外資的看法，基本理論的差異，並說明本書各章之內容及要點。

**第一章**：各國對華投資簡介。鴉片戰爭後，五口通商列強在通商口設工廠，雖清廷未准，但亦無奈，直到馬關條約後才正式合法化。列強對華直接投資於國內消費業興起的原因約為：中國進口關稅提高，且逢世界第一次大戰，進口困難，尤其是棉紡業。通商港的水電、公共汽車等公用事業也因外僑居住而興起，更開了華人的眼界。著者所引用之資料以Remer 教授的統計資料，與日本東亞研究所的統計爲主，兩者間雖因方法、目的而略有差異，但可靠性仍甚高（頁一〇～一五）。各國對華投資以英日最多，英國一九二九年在上海的投資約佔其總額的七七%，日本一九三〇年在南滿的投資約佔其總額的六三%。日本的投資以運輸爲主，其中南滿鐵路最重要，一九三〇年佔其投資總額二三%。各國對華的直接投資以運輸最重，礦業比例甚小，製造業以棉紡爲主（頁一六～一八）。俄國對華投資八一%用在中東鐵路，地區以外蒙及東北最多，一九三〇年佔九七・七%，她對華貸款比例不大。法國以雲南鐵路爲主，收入多爲天主教傳教用，如辦教育等。美國是一九二二年的The China Trade Act 後才對華投資，數量不大，以船運、貿易、固定資產爲主。由此可看出，列強對華初期直接投資都是用來建築 Max Weber 所說的「最具革命性的建築」——鐵路；俄、日、德、法、英都在中國境內築鐵路，中國因領土被侵入所引起的反外心情也是其來有自。

**第二章**：中國政府的外債。中國首次向外人舉債，是一八六一年東南各省爲平太平天國之亂而向外商借款；一八六七～一八八二年左宗棠平回疆之亂也向英國銀行借款，但數額都不大，期限也很短。一八九三年以前，幾乎全是軍事目的，一八九四～一八九八年的借款則為對日甲午戰役之賠款。一八九九～一九一一年間的借款九〇%用在建鐵路；至二次大戰止，國內盈餘多用地區性的建設，鐵路多靠外資。自首次向外借款（一八六一）至七七事變（一九三七）止，借款中四四%用在軍事費用，賠款對象也以日本為主；軍事貸款多用於軍餉、購置武器，反無餘力建設軍事武力。行政費用借款多用於支付貸款利息、政府費用，只有少數用在教育、修黃河、購買小麥棉花。工業借款以電話電報為主，數額情況類似；而印度外債卻有八〇%～九〇%用來建築鐵路。一八九三年以前借款多由在華外商提供，之後由外國銀行介入。一九一四年以前，以英德法為主，以後日本主之（頁二三～三〇）。

清廷向外舉債負擔甚重，利息平均約五%，尚須付銀行佣金〇・五%，其他費用及負擔外匯匯率變動之風險。一次大戰前以關稅及鹽稅抵押，大戰後多為無抵押貸款。一九二五年以前，鐵路貸款尚能償付，後因內戰、天災而無法償付（約四〇%）；且國際銀價下跌，政府收入以銀為主，而以黃金償債，更顯窘迫。如上所述，外資多用於鐵路，但盈利率甚低，一九一七～一九三六年平均約三・三%，而日本南滿鐵路卻達二五・五%。其經濟貢獻為減輕運輸成本，刺激各項工業發展、創造就業機會，但盈利幾乎等於應付利息。當時清廷國庫收入的四三%用來支付對外賠款，只好鬻官募款，但仍不足。此種窘況直到一九三〇年代國民政府財政改革後才好轉。若不向外舉債，也許內戰可減少，但政府活動也會受到限制，且可能提高稅收以資挹注。此期間，中國爲世界貸款的大客戶，各國爭相爭取，各提供最有利條件，中國也自此競爭中得利，但不久各國銀行集團又採聯合政策，共享中國貸款市場利益，維持勢力均衡（頁四六～四九）。中國之劣勢，無怪乎中國人反外。這種外債牽涉甚廣，某些情況下甚至政治意義重於經濟意義，且多用在非生產用途，以債養債，直到二次大戰仍是一重大負擔。

**第三章**：各國對華的直接投資。外國在華設置貿易公司，最早是葡萄牙人在一五一一年就和中國有貿易關係。一九一〇年以後數目大增，到二〇年代共有二九〇家，以英國最多也最重要，有一四四家。這些公司對中國的外貿成長有相當貢獻，但也操縱了中國的對外貿易，從中獲取鉅利，壓低出口貨價，提高進口貨價，都帶有獨佔的性質。一八四二年五口通商後，爲應外貿之需，需有融資機構，當時中國尚無辦此業務之銀行，外國銀行因而興立，以應本國商人之需。一八八九年以前，英國與其他英屬銀行獨霸了中國的外貿融資，其中最大的是 Hong Kong & Shanghai Banking Corporation。國民政府成立後，中國銀行才逐漸強大，一九三五年貨幣改革（法幣）後才有能力與外籍銀行競爭，但三〇年代上海進出口業九〇%以上仍靠外國銀行融資。他們也對中國工業界貸款，如開萍煤礦在一九〇〇年就負了德國亞川銀行四十五萬兩的債；漢冶萍煤礦的貸款也由日本供應。中國公司向外國銀行借款的家數不多，但數額均甚大。外籍金融業也與政治有相當關連，如政府稅收、軍閥、政客等基於安全因素而互相往還，且在華境內發行票據，流通甚廣；尤以一九一六年中國、交通兩銀行因戰亂停業後，其票據流通更廣，直到一九三五年由四大政府銀行發行法幣後才穩定下來（頁五二～五八）。

一八四二年五口通商後，英國船隻即在沿海航行，雖清廷不准但亦無奈；一八五八年首先開放給英國內河航行權，准在長江流域貿易，因當時總理衙門認為此舉有益貿易增加稅收，且不影響原有華屬航業。一九○七年以前，內河航業英國佔相當重要地位，日本也見利介入，另組公司。至一九三六年，外籍船公司有三○家，七一○艘船共八一○萬噸，英國佔四七萬噸，日本二五萬噸，當時華籍船隻共六七萬噸，航業大都操在外人手中（頁五九～六○）。外人想在華境內築鐵路，大受政府民眾反對，劉錫鴻列舉八項不適舖築鐵路的理由、八項無利之因、九項大害，民間更因風俗受侵而誓死反對（頁六二、二四二～二四三）。一八七六年中國境內因英領事撐腰，築了第一條鐵路，已比世界第一條鐵路落後五○年，但比日本早四年；直到甲午戰後清廷才開始重視鐵路。列強在華築鐵路，以政治軍事目的為主，旨在侵佔勢力範圍、運調軍隊、維護在華利益，商業利益並不重要（頁六一～六四）。

因貿易、船運之需，列強開始在華境內開礦。俄國在撫順，德國在膠濟鐵路兩側，英國在開萍、開灤與北京，法國在雲南，日本經營漢冶萍公司。其中以英日最活躍也較有成果，以煤、鐵爲主，錫、銻、鎢、鉛、汞、金等甚微（頁六六～七九）。其他的直接投資尙有製造業、修船、機械、公益事業、加工出口業（如茶業加工、養蠶、製糖）及供國內消費的西藥、麵包、洋火、香煙、棉紡（此兩種最重要）（頁七九～九〇）。

**第四章**：外資效果分析。本書第一章～第三章，可說是中國近百年與列強經濟關係簡史，在敍述其關係源流及在華經濟行動，也作爲本書分析其對華經濟發展影響的楔子。本章雖僅佔六頁，但所提出的都是下列各章分析想得到答案的問題，我們也可從著者提出的問題作不同角度的探討，或甚可進而研究著者所提出值得研究而尙未有答案的問題。本章所提出的問題有：

⑴、外資總額歷年中有多大？其資本產出比有多大？投資額與中國國民所得成長的關係如何？⑵、外資量需到相當數量才能掃除經濟成長的障礙，其數量是否大到當做爲觸發劑？這種外資比例在其他落後國家情形如何？中國的外資總額與境內流量不大，何故？⑶、何以外資在貿易上的投資量不很大？外資在基本產業（農、礦）所佔的比例不大？是否因爲官方對礦業管理嚴格所致？在通商口的外資製造業已合法化且有治外法權的保障？何以規模仍不大？是否因獲利率不高？何故？⑷、一般認爲中國在一九三七年以前經濟仍在停滯階段，然

否？雖現代化部門所佔比例不大，但是否已開始邁向經濟現代化？外資對中國經濟現代化有無助益？⑸、研究外資在中國經濟體制上的比例，中國對外經濟侵入的反應，外國企業對中國企業在技術傳授、人員訓練的助益，外資對社會、政治、管理等優越條件，對華籍企業產生壓迫或成長效果？是否妨礙中國企業的成長與生存？有那些因素使外國企業能與傳統工業並存？⑹、進口外國產品及國內現代化工業之興起，對傳統經濟部門有破壞效果？⑺、貿易理論中的「吸光」效果在中國是否實現？是否外國企業將在華投資利益所得匯出，使中國經濟枯竭？分析其再投資比例及其他因素，這種理論在中國並不成立。⑻、中國與其他落後國家背景的不同何在？國際收支的困難何在？⑼、日本何以能藉外資幫助而迅速現代化，中國何以不能？兩國社會結構的差異對此影響如何？

**第五章**：外國對華投資的決定性因素。因定義與方法的不同，很難比較列強對落後國家的投資，若以國民每人分配額 per capita 的算法計算，則一九三六年中國每人分得的外資額只有 U.S. $8（假定人口爲四億五千萬），日本爲中國的三倍。外資在整個中國資本存量所佔的比率尚無可靠資料，雖其在現代化經濟部門中佔絕對重要地位，但在一九三三年國民所得所佔比率在一三%以下，其他落後國家的情形也大致如此。列強對華直接投資及資金內流增加的原因，在於利潤轉再投資，且對華貸款有些是用來支付前款利息。一九〇二～一九

○三年間，資金外流反較內流大，因爲所支付利息與投資利潤匯出總額較資金內流量還大（頁九七～一○二）。

一八七二～一九三六年間，有五七·三%的公司將其利潤的三○%再投資，四五·二%的公司轉投資額達四○%以上，其中以保險業爲最高，公益事業最低。一九○二～一九三○年期間，由外國匯入中國的投資額佔直接投資總額的四%，可見外國的直接投資額多是轉投資而來。列強之所以對華投資，最有利的條件是因不平等條約所享的特權，如免稅、治外法權、免受官擾、租界等特殊待遇。但在礦業卻非如此，以免礦業落入外人手中。此種嚴密保護條例在一八九八年已規定，到一九四五年許多其他落後國家的外資礦業規則仍參酌採用此種條例（頁一○三～一一○）。

列強對華投資數額不大，大都是利潤轉投資，不願大量增資的原因之一是利潤率並不高。一八七二～一九三二年間，有四一%公司利潤淨值比率小於一○%，六四%小於一五%，可見並不高，日本經營的南滿鐵路是特別例外。外資多從事與外資有關的行業，一九三一年幾佔三七%，而且這些投資大都由貿易公司經手（頁一一二～一一九）。

一九一三年以前，正是列強資金流向各殖民地的黃金時期，英國有三分之二的資金流向新殖民地，何以列強對華的投資額比例不大？因爲中國已非新殖民地區，可耕地區人口稠密，更重要的是文化相當深固，外來事物不易打入。中國比其他落後國家幸運的是未淪爲殖民地，尚有相當的自主權，外人的經濟活動只限在通商口岸，在內地的活動須受政府限制，尤以採礦條例最顯明。但外資在通商口岸的投資如製造業數額仍不大，原因在利潤未如預期的好，其原因又在民間仍慣用傳統產品，對現代科技不信任，傳統方法不能製造的貨品由於運輸不便，民間購買力不足，以致市場有限（頁一二〇～一二三）。

**第六章：外資中國經濟現代化。**外力入侵後，有識之士痛心之餘乃有「師夷之技以制夷、中學爲體西學爲用」之議，仿外國企業組織設各種公司採官督商辦制，唯成效不彰。當時清廷財政困難，征苛稅，對工業投資額太小，雖擬議多項防外經濟侵略措施，但結果皆不理想，心理上更仇外，而忽視外資對華經濟現代化的實質助益。其助益約有：⑴、模擬效果。心理上中國見列強船礮之威、國力之強，乃有倣效強國之心；實質上外資爲中國創造有利投資誘因、環境，傳入新技術、新觀念於各行各界，開闊華人眼識，其作用正如 Schumpeter 所說的倡導者 innovator；⑵、連鎖效果。因貿易之需而築路，各項連鎖行業也隨之而興，此種連鎖反應對經濟、社會、心理影響等不可見的價值遠大於純經濟利潤所得（頁一三一～一三八）。

外資企業對中國企業有利之處有：融資易、資本足；技術、管理能力較高；最惠國待遇的不平等條約之優惠條件；不受官方苛擾等。但何以華籍企業(傳統部門)雖缺企業眼光，無經驗，引用親人效率低而仍能與之並存且仍相當重要，其原因約有：⑴、外籍企業資本足，每個工人所分得的資本比率高，但因勞工太低廉，以致每單位的生產成本或利潤率並不比相同規模的華籍廠有利；且須付外籍技師、中國勞工較高薪資，生產成本不見得有利。⑵、中國政府限制除礦業與鐵路外，只能在通商口設廠、經營，更限制其發展。⑶、民間排外性強，常起抵制外貨運動，各行競爭者也常以此手段打擊外資企業，使受重創；在爭取勞力方面也常使用此排外心理作戰。⑷、外資廠產品市場多限於沿海，而廣大內陸市場因消費習慣、購買力不足等因素，以及礦業、航業等競爭企業又互訂協定，畫分市場減少競爭損失，使外籍企業得以佔沿海、高級消費市場，而傳統部門佔中低級品及廣大內陸市場。因此，華籍企業雖然能力不足，但因天時、地利、人和等深固文化、社會力量，仍可與之並存且相互得益。可見華籍企業並未因受外籍企業之侵入壓迫而受損，反而得益不少(頁一三八～一五五)。

責列強經濟侵略之餘，亦應自檢何以華籍企業不易強大：⑴、資本累積困難。國民所得低，財富階級的儲蓄多用在非生產性的土地購買、藝術等事物。所得低、儲蓄少、教育不普及、生產力低等等造成惡性循環。⑵、傳統的社會制度。重農輕商，非農業部門(如貿易、工、礦等）比例太輕；自給自足的農村經濟；無長子繼承制（日本得長子繼承制之利不少）；政府主掌大企業；官僚腐敗；宿命論與順受的民族性強；太重人文而少科學研究；對家族依賴太深；勞工低廉，以致習於傳統生產方式。⑶、清末國庫困難，有心無力，政府中缺乏有力領導者，行政效率低、保守，李鴻章、林則徐等輩雖欲振奮，但已屬強弩之末。可見清末衰弱非一日之寒，列強入侵雖爲國恥，但若無此刺激與引發，中國經濟亦不易突破自蔽之境（頁一五五～一六四）。

**第七章**：雙元經濟。鴉片戰爭前，中國經濟屬半閉鎖型態，幾爲典型農業經濟國家。五口通商列強在華設廠築路開礦後，即很顯明形成傳統部門與現代部門並存的雙元經濟型態。以現有資料，很難數量化表示外資對華經濟現代化的貢獻與對傳統部門的損害，但可確知外資在華活動已使傳統部門的重要性逐漸減低。本書所指傳統部門，是從一八四〇年代起至一九三〇年代都以同樣組織、生產技術提供財貨勞務的行業，如農業、手工業、舊式銀行業、人力運輸及大多數商業、服務業等，例如至一九三〇年代，絕大多數的農村信用來源以地主、親友、商人爲主。這種雙元經濟型態與其他亞洲落後國家非常相似，也因而形成雙元社會。資本制度引入後也隨而引進資本社會的思想，造成外來與固有文化的衝擊、排斥、混合、接納，進而再形成新型文化型態。外資在華活動的經濟影響雖大，而更重要、深遠的卻是在短期無法顯出的社會、文化改變，可由二次大戰後日本、中國的西化、崇洋、新階級的興起得證。宗教教義、傳統文化精神確實影響經濟動機與行爲甚大，社會經濟學家研究中國宗教文化對經濟發展的影響，確知傳統文化制度阻礙其趨向現代化，Max Weber 對中國的研究及其他不同論點請參閱頁一七八～一七九。

除社會雙元外還有技術雙元化的情形。雖兩部門的技術有差異，但因社會背景而能各據市場，傳統部門也因吸取新技術而更有能力與現代部門競爭。此外，傳統部門借用現代部門的運輸工具開拓市場，引入新手工業的機械，改良勞動密集型基層工業生產力；傳統部門也向現代部門提供原料、勞工，可見雙元技術使兩部門相互得利大於其抵銷、競爭效果。且現代部門佔國民所得比例甚小（一三%），傳統部門都是自給自足，更可證明外資在華活動並未摧殘傳統部門，反而使其更有競爭力，更趨向現代化（頁一七九～一八八）。

**第八章**：外國對華投資的外在因素。在對外貿易上，中國與其他落後國家不同，對外貿易佔國民所得的比例甚小，最高時也只佔一二%，顯示對外依存度甚低。一八六七年鴉片、紡織品佔進口總額七七%，一八四二年的茶葉佔出口總額九二%。到二十世紀，中國除茶葉外（茶葉對中國國內經濟並不很重要），沒有單項產品佔出口總額的一〇%以上，可見項目很分散，而其他落後國家的某單項產品都佔出口總額五〇%以上，可見中國與其他殖民地國家的經濟背景很不相同，沒有出口集中的現象。外資只有很少部分用在出口業，大部分投入鐵路、礦業，很少投入茶、絲、農產品。因對外依存度低，國際行情波動並不大影響中國經濟，進口也多是製品，所以中國只是國際行情的接受者（price taker）而不是決定者（price maker）。其中雖有桐油、鎢、茶、絲獨佔國際市場，但佔中國出口比例太小，國際行情的變動對中國影響不大，也不影響貿易條件。雖國際銀價下跌，匯率的變動使出口有利而進口價格上漲，因中國進口貨多爲消費性製品，反使國內自製率提高，減少進口，增進投資，使儲蓄能引入投資市場。中國的外貿從一八六四～一九三七年中只有六年無貿易逆差，但這些差額在國際收支帳上，已被各國對華的投資及政府貸款彌補而抵銷（頁一八九～二一○）。

**第九章**：摘要與結論。本書第一章內容是一九三七年以前外國對華投資的概述，其時間、地點、數額、形式及範圍，並說明資料來源及方法。第二章敍述中國政府向外借款的數額、條件、使用情形、分析其利弊、中國政府的負擔及貸款國間的政治瓜葛與對華的影響。第三章敍述外國對華直接投資的歷史、數額、所投資的行業及各項經營機構的背景。以上三章實爲中外經濟關係簡史，並作爲以下各章分析之資料。第四章分析外資對華活動的影響，提出各項問題，供下列各章解答。第五章提出證明何以外資在華的投資額不大，而一般說法都認爲外國在華投資額甚大。本章就資金流動、利潤轉投資率、利潤率等之因素予以分析，證明一般說法缺乏根據。第六章說明外資與中國經濟發展的關係，一般認爲外資有礙中國經濟趨向現代化，破壞傳統經濟部門。本章就外資比例、對華影響、傳統部門與現代部門的關係，分析其何以相互得利反有助中國經濟現代化。第七章說明外資對華社會、技術的影響效果，及其對農業、手工業、生產力、國民所得之正負兩面影響。第八章說明外在因素對華的影響，如出口結構、國際匯率、行情、貿易條件、外國資金對華的投資情形等，證明外資對華的實質利益大於表面害處。第九章將上述各章所得結論摘記，並提出本書研究的結論。綜合本書所述，可得下列幾項要點，證明外資確對中國經濟現代化有助益，其對社會、政治、心理上的影響如何，則非本書討論範圍。

(1)、中國尚有完整自主權，外商僅在通商口岸及租界有自由經營權，內陸礦業、航業仍受嚴格限制；中國傳統部門及廣大內陸市場並未受到外資破壞，及其受利不少。(2)、以每人分得的外資額 per capita 計算，一九三六年只有 U.S. $8 比率太小，對國民所得影響不大，這和其他落後國家完全不同。(3)、列強眞正投資額並不高，主要都是由盈餘再轉投資，也很少有把投資利潤匯回本國，而造成中國經濟枯竭的現象，這和其他落後國家不同。而且中國可耕地人口稠密，文化社會根深蒂固，並不屬列強有興趣大量投資的新殖民區。雖各國貸給中國政府款額不少，但多用爲軍費、賠款，直接用來投資經濟部門的比例有限。(4)、根深的文化、社會習俗、消費偏好使外來消費品接納力低，且購買力低，通商口岸的各國新設製造業利潤不理想，又有堅強的傳統部門競爭；中國政府管制又嚴，所以外籍企業雖挾其雄資、技術、政治特權，但獲利有限，影響中國國民經濟不大。(5)、外資佔國民所得雖少，但其觸發導引中國經濟現代化之功卻不可及，尤其在觀念、技術、經營管理更開華人眼界；也因此外侵而促使中國政府決心現代化，尤其受日刺激最深。政府的努力成效雖不彰，但也起領導作用，創造有利投資環境。(6)、引進的現代部門與傳統部門不僅不相尅，且互相提供技術、機器、原料、勞工，各佔市場，相互得利，已如前所述，現代部門破壞部門之說不能成立。(7)、中國對外依存度甚低，最高時也僅一二%，自主性甚高，並非如其他落後國家受其殖民國絕對影響，可見 Singer-Prebisch-Mydral 的吸光理論在中國並不適用。外資對華的全盤性影響很難計量算出，也非此書範圍，光就經濟層面來說，本書研究結論認爲：外資對華經濟現代化確實甚有貢獻，提供資金、技術、經營制度；不但未摧毀傳統部門反而貢獻良多；雖難免損及某些傳統行業，使國人心理上有被侵略之感而反外，也易情緒化的認爲外資有害中國經濟而忽略其實質利益，但其啟導之助，國人實自享之。

## 結語

開發中國家要突破經濟發展瓶頸，受資本累積及技術障礙甚大。引進外資、技術促其起飛是必要方法，臺灣戰後經濟之能迅速發展得助外資之功甚偉已是定論（請參閱黃俊隆：〈外資與臺灣經濟發展之研究〉，政大國際貿易研究所碩士論文，民國六六年。本論文證明戰後美援與外資對臺經濟發展的實質貢獻甚大。）侯教授此書是證明近百年來外資對華的貢獻，一般以其他觀點看外國侵略中國經濟的說法，並未能和本書一樣舉出數據和理論的證明。

本書的主旨是在證明此段期間外資在華活動有助中國經濟實質的發展，以反駁其他說法。所以在寫作方法上是先假設了這項結論，而後找出相關證據、學理，來證實著者的假設爲眞。著作所引用的資料、數據都相當可靠，且推理過程都可與其論點配合，來證明其假設爲眞且相當有說服力，本書的主要成果卽在此；其副貢獻是在求證過程中敍述了此時期的中外經濟關係簡史，作爲本書後半部分析的素材，第四章提出欲證實本書結論的假設問題，而由六、七、八章一一解答，這種編排順序甚有邏輯條理。比重上，前三章佔了九〇頁幾達全書本文二分之一，雖爲作證明下面假設的引子，但略爲過分詳細；如第三章關於銀行業、礦業、製造業的敍述略顯冗長。第四章以後則較精簡，惟第八章的貿易條件雖說其精彩但略過詳細，可能這是著者發表過的一篇文章之濃縮：The Terms of Trade of China, 1867～1936（請參閱本書書目頁二八二）。

本書的優點是：⑴、列舉、引用相當多的實證及學理資料，推翻一般人對此問題的錯誤看法，而且這些理論與數據都相當可靠，有說服力；⑵、各章節編排有條理，注釋資料嚴謹；⑶、本書是「此理得證」式的寫法，找證據來支持假設，若推演過程與數據資料無誤，則不易發生思想性文章常易引起的爭辯，本書出版至今已十餘年尚無強有力的反說。而且著者能客觀的運用資料，分析其可靠性，不會失於專找有利求證的證據，而忽視反面說法。

本書的目的在證明外資對華經濟發展的正面效果，論據、說理相當有說服力，但若能再多詳述下列幾項說明則會更有力：⑴、一般人會直覺的問：難道列強在華的經濟活動是想對中國經濟發展有幫助，而非想從中得利？難道不想盡榨取中國的財富？這個答案在書內未曾說明，試答如下：外人原本想榨取中國財富，但因如本文（第九章：摘要與結論）中所述，這些原因使得列強的對華投資並無如在其他殖民地區般得到相當的經濟投資報酬，而他們在華的經濟行爲卻很有效的推動中國經濟現代化。這是列強對華投資時所受的客觀條件限制，並非他們不想榨取；而中國在列強經濟「侵略」下，所受的助益卻「意外的」大於損失。⑵、著者僅在導言中略述一般持外資對華經濟侵略者的看法，雖本書結論已足以反駁這些說法，且本書只討論經濟面，但若著者能將這些說法予以更詳盡的歸納、列舉其觀點，說明其論點與根據何以不正確，用較多的篇幅來比較本書論說與其他看法的異同處，則更具說服力。而且在經濟發展學理方面，僅在導論中述及一般的「吸光」理論，以及在第七章雙元經濟中提到一些相關理論。也許著者認爲這些理論已夠支持本書論說，且本書目的不在討論這些學理，對研究歷史的讀者已相當足夠，但對研究經濟的讀者，若能有較有秩序、深入的理論說明中國與其他落後國家經濟發展基本型態的差別，則在說理上更完美。⑶、這可能是印刷上的小錯誤：本書頁一九八中，著者對貿易條件 terms of trade 的定義爲 Pi/Pe（進口價格與出口價格之比），而頁二七〇注四七的定義卻相反。⑷、著者在頁九七中算出一九三六年外資總額約爲三四・八三億美元，若當時中國人只爲四・五億，以 per capita 算，每人分不到八美元。著者也許只在指出外資在華的數量以每人分得額來算，比其他落後國家少很多，但這種算法並無實質經濟意義。因爲外資在沿海通商口岸給中國境內畫了一條經濟國界，形成現代與傳統兩部門，廣大的內陸人口除了鐵路和一部分礦業外，與外資幾乎毫無關連，所以用 per capita 來算，除顯示數字外絲毫無實質經濟意義。

關心此一問題的歷史學者認為：中國近代的發展，即使抽掉「帝國主義」的激發因素，即使中國仍停留在閉鎖經濟，其內部仍自會改變，不一定要藉助或歸功於外來勢力的影響，中國當時內在的經濟、社會力量也一定會促進畛域觀念的融消與大羣意識的產生（何炳棣：《中國會館史論》，頁一一四。臺北，一九六六年）。我們不必過分強調外來影響，因為西方經濟勢力的入侵，並未眞正「開放」中國市場，外來勢力仍只佔據中國傳統商業化程度最高、市鎮經濟最發達的幾個區域，內如長江三角洲、珠江三角洲，並未使中國原來「華美隔絕之天下」一變而為中外匯通聯屬之天下」。外來的經濟勢力在中國境沿著海岸通商通畫一條「新式花邊」的經濟國界，這條國界內側的傳統部門仍是「華美隔絕」。

有些學者認為三〇年代中國農村經濟破產的主因是外國經濟侵略，有些人卻過分神化外來力量對中國各種現代化的助益，侯教授僅對外資與中國經濟發展提出一個正面效果的證明，態度上並未有價值判斷的色彩（請參閱：劉石吉，〈清代江南商品經濟的發展與市鎮的興起〉，臺大歷史研究所中國近代史組碩士論文，六四年六月，頁一～六、一〇八～一〇九、一三五～一三七）。

著者也提出好幾項值得研究的問題，如：近代內戰、外戰對中國經濟的影響如何？外資介入對社會、文化、心理、政治的影響如何？各國情況有何異同可比較中、日及東南亞諸國的情形。文化、宗教、社會、家庭制度與中國經濟發展的關係爲何？

中國政府主政者對西方經濟侵入所產生的反應與決策如何？他們的經濟思想爲何？（請參閱趙豐田撰：《晚清五十年經濟思想史》。由此書可了解晚清政治人物的經濟思想及對外資在華活動之對策理論根基。臺北華世出版社六四年影印出版，書後所附書評甚精彩。）清末民初歐美留學生，所受西方經濟思潮及其返國後對中國經濟政策之影響爲何？（可參見汪駒一著：*Chinese Intellecturals and The West*, 1892～1949，虹橋書局影印）因爲這些經濟政策正如冒出海面的冰山，只是顯示出來的部分，欲探其根源，仍應研究其廣深的思想背景。研究此時期之經濟思想，才能更了解中國對經濟入侵所採對策的來龍去脈，史實才可得理論印證。

一九七九・六《中興大學合作經濟系刊》

# 爲史學辯明

## ——評介馬克・布洛克的《史家的技藝》

書　名：《史家的技藝》
作　者：馬克・布洛克
譯　者：周婉窈
出　版：臺北，遠流出版事業公司，民國七十八年一月出版

### 前　言

學術性的書評應該要從書中的內在邏輯去評論作者的問題意識、處理的手法，以及他的思考所提供的意義。我不能因爲歷史並非自己本行而逃避這項要求，但要做到此點，必須先

通曉布洛克的主要著作，而這不是我目前的處境。所以，我必須先聲明，這一篇是資料性的（informative）的評介，一方面對這本「書本身」做一外圍的觀察與報導，另方面再加上依自己的看法所作的評論。我很清楚的意識到，我在「評論」那一小節中的「一偏之見」（opinionated），許多歷史學界的同仁會有強烈的不同意見。

## 內容與結構

馬克・布洛克的這本遺著，其中心主旨在辯明一個是小也是大的問題：歷史的作用與功能。本書一開始就把這個命題點明了：「告訴我，爸爸，歷史有什麼用？」（頁一三，中譯本，以下皆同）。在〈緒論〉那一章中，他反覆闡明史學如何受人誤解：歷史在當時被某些人認爲是「有趣的消遣方式」，所以布洛克認爲「歷史就必須證明其之所以爲一種知識的正當性」（頁一八）。也有人說「歷史是知識分子的毒素所曾製造出來之最危險的化合物」，所以布洛克認爲「首要的目標是說明一個歷史學者如何與爲何從事他的行業。至於這個行業是否值得從事，則留待讀者自行決定」（頁二〇）。這一本書他自己認爲是「一個喜歡反省日常工作的藝匠的備忘錄」，也是一本屬於「職工的記事本」（頁二六）。

布洛克同時也爲歷史學提出他的辯解：「歷史有它獨特的美學上的愉悅。構成歷史之獨特對象的人類活動，其壯觀場面最是設計來誘發想像力的，尤其是當它因時空遙遠而帶著那來自陌生事物的微妙魔力時」（頁一七）。就文字而言，這是一段漂亮的說法，但不一定就具有邏輯性的說服力。接著他試圖說明史學的功用以及如何說服「非難」史學的人：「就算歷史對人的物質生活或政治需求永遠沒有什麼貢獻，它對人之充分發展是不可或缺的」；「歷史必須不僅僅是支離且……近乎無窮盡的舉例，而該具有理性的分類與進步的清晰性，只有在這種允諾下，歷史才能正當地在那些眞正值得盡力的科學中佔有一席之地」（頁一九）。從這一段辯解的文字中，我們很清楚的感覺到史學在布洛克的時代裏，是處於一種邊際的地位，其他「值得盡力的學科」不僅懷疑史學的功用，甚至也質疑它的「理性的分類與進步的清晰性」。傑出史學工作者布洛克，在生命的晚期花了好幾年的時間，在這本書中要「爲史學辯明」（apologie pour l'histoire），同時也要說明「史家這個行業」（métier pour l'historien）的性質，所以就同時用了這兩個標題當作他的書名。

除了〈緒論〉之外，這本未完成的遺著共分五章，我用表一來綜述。基本上，我認爲第一章是較概括性的說明史學的特質，布洛克強調了幾個要點：⑴、歷史學家必須明確的劃定自己的工作領域（這一點他說得相當含糊，頁二八～二九）；⑵、歷史並不只是「研究過去的科學」，而是要去理解那些「過去的」材料，提出其意義，並且把這個過程轉化成具有理性知識的內涵[11]；⑶、歷史的研究對象是複數形的「人」（hommes），也就是說，歷史的主要目標是在研究人文現象，而且必須把這個現象放入連續的歷史時間內來考察。布洛克認爲人文現象是一個時間的連續體，同時也是個持續的變化，而不是「斷代」的。他舉了一個例子來說明遠距離的事物反而更具有影響力：太陽與地球的距離遠過於地球與月球之間，但太陽的影響力卻明顯的大於月球。在人文現象當中，「沒有一種力量的效能可以由距離的單一向度來測量」（頁四五），所以他認爲「局限其思想於現代的人將無法了解當前的眞實。」（頁四〇）。歷史學者不是「懷著食屍鬼般的喜悅，忙著解開已死亡的神祇的裹屍布」而已，而應該是要積極的「從過去來了解現在」，同時也藉著現代較進步的知識，對過去的事物作更好的理解。

我個人覺得〈緒論〉和第一章是本書最主要也最精彩的部分，布洛克在這兩章中已很清楚明白的完成了他書名所宣示的目標：「爲史學辯明」以及「史家這個行業」。以下的四章（包括未完成的第五章），我認爲那是屬於技術性的細節，屬於史家的「技藝」部分，因爲布洛克在那四章當中，基本上是在傳授（或記錄）他畢生實證研究工作的心得與技巧，在交代如何去做可靠的歷史觀察、如何辨明證據、如何考證、如何分析資料，換句話說，第二至

第五章在性質上是布洛克這個「職工的記事本」。也就是說，我認爲這四章比頭兩章的「一般意義」少，所以只在表一內列舉大要，而不解說。從各章長短的分佈來看，他把大部分的篇幅都用在技術問題的第二～四章上，舉了無數的實例，反覆說明歷史觀察與證據查證上的要領。從篇幅的分佈上，也可看出布洛克史學研究的「技藝性」，遠高於哲學性的方法論。

表一　本書的結構與性質

| 章別 | 章名 | 內容大要 | 主要論點 |
|---|---|---|---|
| ○ | 緒論（頁一三～二六） | 說明史學如何被誤解、史學的性質與吸引人之處、如何使史學進步。 | 歷史對實際生活也許無用，但對了解「人」（複數的人，亦即廣義的人文現象）是不可或缺的。 |
| 一 | 歷史、人與時間（頁二七～五〇） | 從宏觀的角度說明史學家的角色、史學的性質、史學的對象——「人」、史學的角度、研究歷史的重要性。 | 認清自己所選擇的行業是「歷史學者」，所從事的工作是在研究「連續的時間」（即歷史）中「人的科學」（即人文），強調「局限其思想於現代的人將無法了解當前的眞實」。 |

| | | | |
|---|---|---|---|
| 二 | 歷史觀察（頁五一～七六） | 歷史的觀察有那些特點，會有那些幻覺與失眞的情況。如何辯解證據，避免被史料僵化所支配。 | 在充滿活力或甚至拼命的研究之後，才能說：「我不知道，我無法知道，……接受自己的無知，並誠實的承認。」 |
| 三 | 歷史考證（頁七七～一二八） | 如何考證史料、查驗錯誤與騙局、在考證時應注意那些邏輯。 | 他用了五十頁的篇幅，舉了無數的例子來佐證他的「技藝」。 |
| 四 | 歷史分析（頁一二九～一七四） | 如何從歷史研究當中去「理解」、去「下論斷」這個過程中牽涉到那些知識與意識上的問題，如何用一個架構來統御歷史眞實，使它成爲一個連結環。 | 和上一章類似的篇幅與手法，但把問題的焦點放在如何去綜合歷史知識的問題上。 |
| 五 | 因果關係（頁一七五～一八二） | 前兩章討論史料和如何分析史料之後，本章打算分析歷史寫作中應注意的「因果關係」面。 | 未完成，章名是英譯者加上的，法文本無章名，中譯本譯自英譯本。本章的論點不完整。 |

## 對譯本的觀察

這本書於一九四九年在法國出版以後，到一九八八年時已印行七種版本，收錄在不同的叢書內。義大利文出了八版（第一版於一九四九年發行），一九五二年譯成墨西哥的 Castillane 文版（一九八四年時出了第十版）、葡萄牙文版本（一九六五年）、德文版（一九七四、一九八〇年）、英文版（一九五三年）、俄文版（一九七三年）、匈牙利文版（一九六九、一九七四年）、波蘭文版（一九五八、一九六二年）、土耳其文版（一九七六年）、日文版（一九五三年）、西班牙文版（一九八四年）、委內瑞拉（一九八六年）、荷蘭文版（一九八八年）[2]。中文版在廣告多年之後終於在一九八九年初問世了。

一般說來，我對譯介人文社會科學的著作只有一個基本的態度：只要有人肯用精神去評介，都應該鼓勵，其餘的都次要。中譯本的校訂者在導言內除了綜述本書的內容以及他的感想之外，也說明了他在「校訂本書時，部分段落採取較彈性的譯法」（頁一二）。所以讀來很流暢，至少比法文本易讀多了。布洛克的法文不是那麼淺白易懂，所以只要基本的意思能傳達到，文字上的三重失落（法、英、校訂）是次要的問題。

對讀者而言，一篇好的解說或導讀，必然有相當的助益，日本學界譯書時通常會有一篇譯者的解說與相關文獻的介紹。這本書的不同語文譯本當中，有幾種（如荷蘭文本）有譯者對原文、版本的考證。中譯本在條件的限制下，校訂者仍然親切的綜述了本書的精要，並做了背景的解說，方便了一般讀者。但對歷史學界的讀者而言，他們所更需要的是在綜述之外，另加上一部分的評鑑，說明此書在史學史文獻上的相關重要性，本書的優缺點何在，例如本書和柯林烏的《歷史的理念》如何對照觀之？若有這樣的解說，將使此書更具深度與吸引力。但這些都不在我這個評介者的能力與專業範圍之內，只是苛求而已。

中譯本照英譯本的譯法（*The Historian's Craft*）直接譯爲《史家的技藝》。如前所述，布洛克在本書中其實是在做兩件事：〈緒論〉和第一章是「爲史學辯明」，第二～五章是在說明「史家這個行業」，所以法文本的名稱是兩個並行：《爲史學辯明或歷史家的行業》（*Apologie pour l'histoire ou Métier d'historien*）。爲什麼會出現兩個平行的書名，這是由於布洛克自己也遲疑了許久。一九四〇年十二月時布洛克自己擬了一份「待寫之書」（liste de livres à écrire），他那時所擬的是《爲史學辯明》。他那時已經爲這本書寫了十幾本的筆記，當時所擬的書名是《爲史學辯明》或《史學家如何、爲何工作》（*Apologie pour l'histoire ou Comment et pourquoi travaille un historien*）❸。後來他是經過哪些想法才把副標題改爲現名的，目前並無直接的文獻。但很可以確定的是，一九四二年十月九日他寫信給費夫賀時說：「基本上是這個樣子。我想把我的書名取爲《史家的行業》（*Métier d'historien*）。不，我不會放棄這項工作的。我不知道我的健康、我的環境是否允許我寫出來。我甚至也沒去想出版的問題，在我的情況下，只是爲娛樂而工作，但這項計畫已經陪伴了我兩年，我也常對您提過。我現在所整理出來的心得，當然是源自於多年來的反思。」❹

可惜的是，在資料及語言的限制下，譯者在這初版中沒能較深入的交代本書的寫作經過與出版狀況。另一件可算是缺失的事，是中譯本把布洛克題給費夫賀的獻詞給略掉了，這是英譯本上也有的譯文，也可以說是年鑑學派史學史上一項短而重要的文獻。原書出版時另有一頁的獻詞是用拉丁文寫的 In memoriam matris Amicae（紀念母親的情誼）。這句話對讀者也許無多大意義，但對布洛克卻另有心中的紀念價值，因爲這本書的前言和獻詞，是一九四一年四月廿七日作者的母親去世三日之後寫的，而布洛克那時的心情正是國破、母喪、家散、逃亡（納粹追捕猶太人），這本書依他自己的說法，正是一帖「解毒劑」（antidote），也是他的精神支柱❺。此外同樣是屬於小事情但反應出作者特殊狀況的，是他所採用的筆名 Fougères。一九四一年之後，布洛克逃往法國南部的 Montpellier 城，在 Creuse 區的鄉間

Fougères村買了一間房子，布洛克對外的通信（自由區和淪陷區之間，尤其是和巴黎之間有郵檢）都用這個筆名替代，包括他從四三年起在由《年鑑經濟社會史學報》改名爲《社會史集刊》（*Mélanges d'histoire sociale*）的刊物上所發表的文章也都以Fougères爲筆名。這是一件重要且廣爲人知的軼聞，中文讀者有權利知道。雖然這些都是次要的枝節，但如果能有較完整的準備，讀者會更感覺親切。

此外還有一些是被譯者刪除而我認爲是重要的部分。費夫賀整理布洛克此書的遺稿後，寫了三頁的後記，英譯本也譯出來了，中文本不知爲何刪掉此項文獻。既是從英譯本轉譯，英譯者的前言（六頁）也很可以譯出，才能知道英譯是如何取捨，以及譯者的角度與立場爲何。此外，法文本也有一頁半的篇幅，收錄了布洛克尚未寫成文章而已成形的七條筆記，這些都應該要譯出來。由於此書是布洛克著作第一本完整的中譯本，中譯者應該藉此機會介紹布洛克著作的出版狀況，以及研究布洛克的二手文獻。我把手邊收集到的附在參考書目內，以和讀者相互補充。以上對譯本的觀察，可以用表二來綜述。

表二 法、英、中版本的比較

| 比較事項 | 法文本 | 英譯本 | 中譯本 |
|---|---|---|---|
| 出版年分 | 一九四九 | 一九五三 | 一九八九 |
| 紀念母親的獻詞（一行） | 有 | 無 | 無 |
| 致費夫賀的獻詞（一頁） | 有 | 無 | 無 |
| 費夫賀的編後語（三頁） | 有 | 有 | 無（重要的文獻） |
| 布洛克的七條筆記（一頁半） | 有 | 無 | 無 |

## 評論

以下我很直接不隱的說出我的讀後感。在一九八九年的今日讀這本四十年前的舊書，帶給了我那些觀念或啟發？我個人認爲：很少。或許是因爲戰後史學方法論的書籍愈來愈多，在臺灣影印出版的著作也爲數不少，使得我們在史學方法的知識，並未受到布洛克著作的很大衝擊。

布洛克的書中，每一章都會出現不少雋永的句子，那是閱讀過程中的犒賞。但是，因爲我是從史學方法或歷史哲學的心情來閱讀此書，所以我就有些失望，因爲它對我的啟發有限。從史學方法或哲學的角度來看，它比不上科林烏的《歷史的理念》那麼寬廣深邃；相對的，布洛克的文章意義是顯明的。它也比不上法國近代歷史學者如 Paul Veyne（1978）的《如何寫作歷史》，Veyne在討論歷史的標的、理解、史學的進步等各方面，都比布洛克深入、廣泛。它也比不上 Marrou（1954）的《歷史知識》，Marrou 在歷史知識、文獻、詮釋、歷史的眞實性、歷史的功用等等問題上都有很好的解析。或許這樣說太過空泛，我們另外舉個實例說明。

雷蒙·阿宏（Raymond Aron, 1905~1983）年紀比布洛克小一代，但他們同是巴黎高等師範的畢業生，兩人在二次大戰前也有過往來。阿宏的博士論文（一九三八年完成，戰後一九四八年才出版）所寫的題材是〈歷史哲學導論：論歷史客觀性的限度〉。讀遍布洛克的書，我一直未能捕捉到他是如何去界定歷史這個學門的特質，如果他只停留在「歷史是研究人（複數的人）的科學」這個說法，那未免空泛。布洛克的缺點是哲學性不够，相對的，以哲學訓練爲根底的阿宏，在全書的導論之後，第一篇一開始就有下列的界定：「歷史，狹義的說，是研究人類過去的科學。廣義的說，它所研究的是土地、天空、物種以及文明的演變。另一方面，具體的說，歷史這個名詞是在指稱某種眞實性；在形式上來說，就是對這種眞實性的認識。這個一體的兩面性，就是第一篇的主題。」阿宏的書中也討論了歷史的理解、因果關係、歷史與眞實等等問題。

綜觀之下，英譯本把布洛克的書改名爲《史家的技藝》是對的，因爲布洛克是一個很好的中世史實證工作者，早年所從事的都是「技藝」方面的研究，而很少做哲學、方法論上的「辯明」。他的《封建社會》（一九三九）絕對是傳世之作，到了西元兩千年時這個領域的研究者，仍必須讀他的這本著作。英國的中世科技史學者 Lynn White Jr.（1962）: *Medieval Technology and Social Change*, Oxford University Press，在這本名著的書扉上題詞紀念布洛克，可見他的影響力。甚至在 New Palgrave《經濟學辭典》（一九八八）上也有布洛克的名字，記載他對中古社會經濟史的貢獻。但是，在「爲史學辯明」的層次上，可以說不是他的「在行」。布洛克年輕時對方法論一直都深感興趣，從一九〇六年起他就開始累積這方面的筆記，也改寫成講稿❻，到了一九三〇年，他把這些稿件編在一起，題名爲

《歷史學者的工作坊》（*Historiens à l'atelier*），但巴黎甚富盛名的 Gallimard 出版社並不接受出版，而這本書稿的中心內容，和《史家的技藝》是很接近的。

所以，我幾乎可以說，布洛克的實證工作是一流的，但他不是一個很好的抽象概念建構者。我的基本質疑是：布洛克爲史學的正當性作了哪些啟發性（Instructive）的辯明？能有說服性的解答了這一點，就是對布洛克做了很好的辯明。

## 原著或合著？

這本未完成的遺著是布洛克從一九三九年九月開始寫作的，那時他大約是五十三歲的壯年，已經出版了好幾部傳世的著作。因爲納粹追捕猶太人，他不得不離開平日很倚重的圖書設備，而在南部避難時寫這本史學工作的經驗與感想。本書較集中寫作的時期是一九四一～一九四三年間，一九四四年六月十六日他在里昂附近被納粹槍決，戰後布洛克之子 Etienne 回到法國，找到此書的幾分稿本，他交了三分給費夫賀（年鑑學派的另一位創辦者），自己留了兩分。費夫賀約在一九四四年底開始整理這分書稿，翌年三月以後，打算交給 Gallimard 出版社，預計在一九四七年問世。但中間有一些不明原因的過程（布洛克之子對此甚有怨言），書稿到了一九四九年初轉而交給 Colin 出版社，四月中旬出版社問費夫賀要印幾本，他說一千五百本，但他要問布勞岱（Braudel）這位「我的財政部長」的意見，最後布勞岱說三千本。這本書終於在一九四九年夏出版，列爲《年鑑叢刊》（*Cahiers des Annales*）的第三號❼。

這部書的原稿和費夫賀的編輯過程，以及布洛克和費夫賀的通信、布洛克的私人函件，現在都收藏在法國檔案局（Archives de France）之內。史學家 Massimo Mastrogregori 鑽研布洛克多年，最近專注於《史家的技藝》一書，重新鑽入檔案，在一九八九年元月號（第四四卷第一期，頁一四七～一五九）的《年鑑學報》上發表了一篇引人注意的詳細報告。讀完這篇資料豐富的文章之後，最深的印象是：這本書是布洛克的原著？或者是他和費夫賀的「合著」？在編輯的過程中，費夫賀是一個「忠實」的編輯呢？或者是一個「借屍還魂」者？

大約在一九八五年冬，Mastrogregori 在法國檔案局內翻閱布洛克的文件，看到某些文稿背面有增刪、標記的手蹟，他馬上意識到這是《史家的技藝》在出版之前的編輯原稿。在翻閱時，他發覺書稿中有些重要的部分在銜接上有問題，心中起了疑惑。數月之後，他在羅馬遇見另一位法國史學家 Maurice Aymard，Aymard 出示布洛克此書的一些手稿給他看。

不久之後，布洛克的長子 Etienne 也給他看了兩分此書的部分手稿，那是費夫賀在編輯時所未採用到的。爲什麼會有這麼多分不同的稿本，因爲布洛克在寫作一個題材時，常常在同樣的邏輯推理狀況下去寫幾分不同的稿子，以求各種不同的可能性。這本書的稿子一共找到五分，費夫賀手上有三分。當然布洛克不是寫了五分書稿，而是在主要的章節段落上他留下多分不同版本的稿件。所以，第一個問題就是：目前所出版的部分並非完整本。

而費夫賀在法文本的附錄一：編後語（中譯本未譯）倒數第四段中說明他所編輯的三大件資料有些是打字稿，有些是手稿，他取其中一份爲基本架構，參酌其他的文稿編成此書，「我對布洛克的文稿沒有任何的銜接，也沒有任何的修正，現在所印出來是全書的全稿。」問題出在最後的這句引言：證據顯示費夫賀對此書動過了相當的手腳，甚至「幫」布洛克寫了一部分。證據如下[8]：

一、就檔案內的文稿來看，費伯賀的編輯標準，不夠嚴謹，也沒有遵守固定的取捨原則。況且另外有兩分手稿在布洛克的長子手裏，內容是〈緒論〉，第一、二章以及第三章的一大部分，費夫賀並未編入。這兩稿件分分別爲九〇頁與八〇頁的手稿，篇幅不少。

二、有一分打好字的稿件共一八六頁，幾乎是完整稿。這分稿子並不是布洛克的，很有可能是他逝後數年才「完成」的。從打字稿上的特徵看來，例如逗點之後必留一空格，這和費夫賀的「編後語」的打字稿完全相同。從打字稿上的錯字看來，打字的人不懂拉丁文、希臘文，也看不懂布洛克的筆蹟，而布洛克的文稿大部分是他太太打的，不會出現這種情形（布洛克夫人在他逝後不久也於同年七月二日過世）。所以這分完整稿很有可能是和全書的目次、注釋、費夫賀的編後語一起編輯好之後，於一九四九年完成的。此外，費夫賀那時擔任《法蘭西百科全書》的總編輯，從他所留下的信件稿可以看出，《史家的技藝》書稿和費夫賀的書信是同一個人打字的。

三、布洛克在逃亡期間寄一些文稿給費夫賀，要刊在他們所辦的《年鑑學報》上，費夫賀常常修改或改寫布洛克的稿子，布洛克在生前也知道有這種情形。在法文版的附錄二收了布洛克的七條筆記（英、中文版未譯），其中第六條是引了一大段拉丁文。依布洛克的習慣拼法，Noscendi 和 Noscantur 這兩個字的S和C是連在一起的，而費夫賀是習慣寫成分開的 Nos Cendi 和 Nos Cantur。這不是打字的問題，而是「寫的人不一樣」。

四、另外 Mastrogregori 也從文章的內在邏輯上來討論兩人的差異。這一點他沒有舉實例說明，我倒找到了一個例子。《史家的技藝》第一章第六、七節的標題是：「由過去了解現在」、「由現在了解過去」（頁四三～四六）。我很驚訝的在布洛克的書中讀到這種熟悉的句子，因為布勞岱在他的史學哲學名著《論歷史》（一九六九：頁二三九～三一四，中譯本頁二〇九~二七九）中也是使用相同的標題。這就很明顯了：布勞岱是費夫賀的學生，是接替費夫賀在法蘭西學院講座的人，他不是布洛克那一邊的人，布洛克沒有入門的學生，布勞岱不會去引用布洛克的「名言」，名言很顯然的是來自費夫賀。

Mastrogregori 還列舉了不少詳盡的證據，在此不一一舉出。他的結論是：我們所讀到的是一分文件（Texte）而不是一部著作（Oeuvre）。談到這兩位年鑑學派創辦人之間的爭執，以及下一代之間的「動作」，從 Le Goff 和 E. Bloch（1983），Burguière（1989）的訪問中可以看出一些情形。布洛克之子說：「其他的文件好像在費夫賀去世後不見了」（中譯本，頁一〇二）。而更妙的是，布勞岱於一九七〇年重新出版他老師費夫賀的博士論文[9]，他在序言中寫道：「在他逝前不久，一九五六年九月，費夫賀完成了他的最後一本著作《榮譽與祖國》，稿子卻奇異的失踪了。我希望有一天它能以其作者的名義出版。」高層次的年鑑學派當中竟然有這種事，有趣的內幕也還有不少，再舉一例。一九二九年《年鑑學報》創刊號封面上的創辦人有兩位，布洛克排名在前，現在的《年鑑學報》編輯委員名單上，把創辦人改為費夫賀排在前面，這大概是一九五六年布勞岱接掌之後的手筆。我的判斷是：布洛克較有原創力，而費夫賀較有手腕，尤其他的學生布勞岱在史學和史學界兩方面更是青出於藍。

一九八九・十二・十《中國論壇》，二九卷五期

## 附錄：文獻簡說

對布洛克的生平與著作，〈Le Goff, E. Bloch〉（1983）和〈Perrin〉（1948）這兩篇很有代表性，而且也有了中譯。對布洛克著作的綜合評論，有夏伯嘉（一九七九）、劉翠溶（一九八六）、Chirot（1984）、Geremek（1986）、Larner（1965）、Ratif（1982）、Sewell Jr.（1967）、Stenger（1967）、Burguière（1989），談布洛克和《年鑑學報》另一位創辦人費伯賀的私人關係以及他們兩人的共同志業，有一些「內幕消息」。布洛克之子對此文提出一些質疑，並由作者答覆。這份書目並非完整的研究書目，只是筆者用以和讀者相互補充的初步書目。義大利的 M. Mastrogregori 正在對布洛克作更完整的研究，他在書中（一九八九），頁一五八（注四二）提到有一本名爲 M. Bloch: *Father, Patriot and Teacher*, New York, 1987 年出版的書，但筆者在 Books in Print 中未能找到。

1. 胡昌智（一九八八）：《歷史知識與社會變遷》，臺北：聯經。
2. 夏伯嘉（一九七九）：〈馬克·布洛克與法國年鑑學派〉，《史學評論》，第一期，頁二一一～二二八。

3. 劉翠溶（一九八六）：〈布洛克〉，《經濟學百科全書》，第一篇〈經濟史〉，頁六七～七一。

4. Hommages à Marc Bloch, *Annales d'histoire sociale,* vol. VII and VIII, 1945.

5. Marc Bloch, in *The New Palgrave: a Dictionary of Economics,* vol. I: 253～254.

6. Aron, Raymond (1948): *Introduction à la philosophie de l'histoire: essai sur les limites de l'objectivité historique,* Paris: Gallimard (collection Tel No. 58, Thèse de Doctorat, 1938).

7. Bloch, M. (1939): *La société féodale,* Paris: Albin Michel. (English translation available in Taipei, reprinting).

8. Bloch, M. (1949): *Apologie pour l'histoire ou métier d'historien,* Paris: Armand Colin. English translation by Peter Putnam (1953): *The Historian's Craft,* New York: A. A. Knoff.

9. Bloch, Marc (1963): *Mélanges historique* (principal articles of Marc Bloch), Paris: SEVPEN.

10. Braudel, Fernand (1969): *Ecrits sur l'histoire*, Paris: Flammarion (Collection Champ historique No. 23). English translation *On History*. 劉北成（一九八八）譯：《論歷史》，臺北：五南圖書公司，西洋史學叢書一〇。

11. Burguière, A. (1989): Marc Bloch, Lucien Febvre et l'aventure des "Annales", *L'Histoire*, 119: 66~73 (Feb.). Comment by Bloch's son Etienne Bloch and replied by Burguière in May 1989, 122: 62~63.

12. Chirot, Daniel (1984): *The social and historical landscape of Marc Bloch*, in Theda Skocpol ed. (1984): *Vision and Method in Historical Sociology*, Cambridge University Press.

13. Geremek, B. (1986): Marc Bloch, historien et résistant, *Annales ESC*, 41(5): 1091~1105.

14. Larner, J. (1965): Marc Bloch and *the Historian's Craft*, *Philisophical Journal* 2: 123~132.

15. Le Goff, J. et Etienne Bloch (1983): Histoire: le grand air de Marc Bloch, *Le Nouvel Observateur*, 26 août 1983, pp. 66~70.

16. 賴建誠譯（一九八九·〇六）：〈馬克·布洛克的生平與著作〉，《歷史月刊》第十七期，頁九七～一〇三。

17. Marrou, H-I. (1954): *De la connaissance historique*, Paris: Edition du Seuil, Collection Point: Histoire H21.

18. Mastrogregori, Massimo (1986): M. Bloch, L. Febvre et *L'apologie pour L'histoire*, *La Cultura*, 2: 361～368.

19. Mastrogregori, Massimo (1989): Le manuscrit interrompu: métier d'historien de Marc Bloch, *Annales ESC*, 46 (1): 147～159.

20. Perrin, Ch.-Ed. (1948): L'oeuvre historique de Marc Bloch, *Revue Historique*, 199: 161～188.

21. 賴建誠譯（一九八八）：〈馬克·布洛克的歷史著作〉，《思與言》，二五卷六期，頁六二五～六四三。

22. Ratits, A. (1982): Marc Bloch's Comparative method and rural history of medieval England, *Medieval Studies*, 24: 349～365.

23. Rhodes, R. (1978): Emile Durkheim and the historical thought of Marc

Bloch, *Theory and Society*, 5(1): 45～71.

24. Sewell, Jr. W. (1967): Marc Bloch and the logic of comparative history, *History and Theory*, 6(2): 208～218.

25. Stengers, J. (1953): Marc Bloch et l'histoire, *Annales ESC*, 8(3): 329～430.

26. Veyne, Paul: (1978): *Comment on écrit histoire* (suivi de Foucault révolutionne l'histoire), Paris: Edition du Seuil, Collection Point: Histoire H40.

27. Walker, L. (1963): *Feudal Society of Marc Bloch*, review article, *History and Theory*, 3(2): 247～255.

## 注釋

❶ 這一個論點見胡昌智（一九八八）第一章有很好的說明。

❷ 見 Mastrogregori (1989: 157, note 27)。

❸ 同上，頁一五八注八。

❹ 同❷，頁一五〇。

❺ 同❷，頁一五〇。

❻ 這些筆記卽將在義大利的 Rivista di storia della storiografia moderna 出版，名爲《歷史方法論筆記》(*canet de note sur la méthodologıe historique*)。資料來源同上，頁一五六注三。

❼ Mastrogregori (1989: 151).

❽ 同上，頁一五二～一五五有詳盡的舉證，本文以下證據摘自此處。

❾ Lucien Febvre (1912, 1970): *Philippe II et al.* Franche-Comté, Paris: Flammarion, Collection Champs No. 145.

# 年鑑學派創始人《馬克・布洛克傳記》

書　名：《馬克・布洛克傳記》（*Marc Bloch: A Life in History*）

作　者：Carole FINK

出　版：Cambridge Universily Press

出版日期：一九八九年

## 有雙重意義的個人歷史

西洋歷史學界引頸甚久的布洛克（一八八六～一九四四）傳記終於出版了，熟習法國年鑑學派文獻的人，早就知道這本書已經進行了許多年，而且也知道 Fink 教授對布洛克的著作與生平史料鑽研多年，甚至比法國歷史學界的人更了解。詳讀此書之後，再參照幾篇書評，更使我確信這是本易讀、有趣、深入、有意義的書。是第一本，也可能是最後一本布洛克的生活傳記，因為我實在想像不出如何能比這本寫得更好，尤其在非常細節的文獻、書信、日記等方面更是難以超越。然而，布洛克的思想傳記仍毫無踪影，因為他的著作涵蓋了中古封建社會史、心態史、農村史等等，有誰能夠在這麼寬廣的領域裏，掌握住這些學門的新舊文獻，而後清晰的點出布洛克著作在史學研究上的意義呢？

Fink 在一九八〇年出版英譯布洛克的《第一次大戰回憶》時❶，寫了將近六十頁的〈導論〉（頁一五～七三），談布洛克與第一次世界大戰的關係，並附一些他的生活照片與日記手稿等珍貴證物。現在看來，那篇〈導論〉也可以說是這本傳記的部分大綱。由此也可見她對布洛克用了十多年的工夫。

這本書的副標題（*A Life in History*）可以從兩個角度來理解。從歷史學專家的角度來看，布洛克一生的史學研究不論在史觀上、研究方法上、專題的深入上，對二十世紀的歷史學界而言，都是一個有顯著貢獻的人物。從個人的一生來看，他廿八歲時參加過第一次世界大戰，從班長幹起，因英勇戰績擢升至上尉，並得過四次勳章。五十四歲時，以巴黎大學流亡教授身分參加抗德工作，一九四四年六月在里昂被納粹捕獲，酷刑之後槍決，享年五十八歲。第一次世界大戰後，他從日記整理出一本戰時回憶。第二次大戰開始不久，德軍迅速擊垮法軍佔領法國，布洛克也寫了一本《奇異的敗仗》來分析法國速敗之因。這位有洞識的史學家，親身參加兩次大戰之後所寫出的觀察，我們也可以據以了解本世紀上半葉（西歐）法國社會的激烈變動。所以布洛克個人的「歷史」是有雙重意義的：專業歷史學的與活生生血淋淋的歷史見證人物。

## 布洛克的一生

全書共分十二章，書後附有布洛克主要著作分類書目，以及本書的參考資料來源。

第一章介紹布洛克的先祖家世，短短的十二頁把五代都查清楚了，而且還用了卅四條資料性的注解。有一件事倒是巧合：布洛克的父親也是歷史學者（古代史），父子同校畢業，後來也都在巴黎大學教書，兩人都曾申請當法蘭西學院教授，都未成功。

第二章談布洛克的教育以及求學時代的家庭、社會生活，相當詳盡。對當時的社會背景、主要事件、學界風氣都有詳述。其中最精彩的是描述布洛克進高等師範學院時的同學、師生以及參戰、留德（柏林）之過程，同時對當時法德兩國歷史學界的學風與研究題材，作了分析。此外，作者也說明有四位學者在不同方面給了布洛克相當的啟發。

第三章介紹大學畢業後的布洛克，如何申請到獎學金去寫博士論文，以及獎學金時期結束後在法國各地中學教書的情況，直到廿八歲去參戰（一九一四）爲止。這是青年期的布洛克，正在培養研究的取向，內容較平淡。

第四章是從布洛克參戰的過程來看法國社會狀態的動盪。這一章內容稍嫌過詳，描述布洛克帶兵打仗英勇獲勳的過程外，也（太）詳細的描述了各國在戰爭期間的策略，附了些布洛克的軍旅照片、隨軍遷移的地圖說明。或許是作者在一九八〇年出版譯注布洛克的《第一次大戰回憶》時，對相關的事件有深入的研究，所以這一章寫得很長（頁五四～五八）。以這一階段的重要性而言，篇幅比例是太高了。

第五章的內容是戰後布洛克在史塔斯堡大學任教的階段。從這時（一九一八）起，是布洛克心智工作上的茁壯期，在此之前的可算是養成期。史塔斯堡大學位於阿爾薩斯省，德國戰敗後才又歸回法國。德國佔領期間曾經大力修整此大學，在第一次大戰前藏書已達五十萬冊，居世界第一，戰後才被哈佛大學趕過。法國收回後，積極的投入，想把大學法國化，所以經費、人員都相當寬厚，在歷史學方面也吸引了許多具潛力的年輕學者，其中有好幾位後來都轉入法蘭西學院和巴黎大學當教授，可見戰後此大學的陣容在巴黎之外已是佼佼者了。

布洛克在史塔斯堡大學教了十七年，這是他一生中關鍵性的階段。在家庭方面，他娶個小他八歲的妻子，生了六個小孩，買了兩棟房子，過著典型中產階級知識分子的生活。在專業工作上，他的博士論文《皇帝與農奴》因戰爭而延拖到一九二〇年十二月才通過。在這個階段中，他讀書、教書、做專題研究。作者在這幾方面都有很生動的描寫，也找到了一些布洛克學生所發表的回憶文章和口述，追述布洛克的教學方式與個性，相當有趣。

第六章分析他在史塔斯堡大學階段的研究工作。布洛克的幾本傳世之作，如《神蹟皇帝》（一九二四）、《皇帝與農奴》（一九二〇）、《法國農村史的特徵》（一九三一）都是在此階段發表的。這一章基本上是在說明這些著作的研究取向、主要論點，以及出版後所得到的書評反應，可算是對布洛克的著作做了外圍性的資料解說。

第七章的主題是他爲何以及如何創辦《年鑑歷史學報》，和他所遭遇到的困難與挑戰。這是關鍵性的題材，因爲這不只是他生命中的一項主要關懷，更影響到戰後法國以及世界歷史學界的研究方法與題材取向。作者用了將近四十頁的篇幅，很細緻、生動的陳述了：⑴、當時德法史學界的競爭情形；⑵、同時期各種史學刊物的取向與學風；⑶、布洛克與費夫賀（Febvre）——《年鑑學報》的共創者，如何受到地理學與社會學的啟發；⑷、刊物發行初期所遇到的困難；⑸、歷史學界的反應；⑹、這兩位創辦人之間（非常激烈）的爭執、兩人的互補（兄弟／敵人關係，見頁一六〇、二六一～二六四、二八三～二八六、二七〇、二八七、三〇九、三二三的描述）作用；⑺、此刊物的取向與精神；⑻、內部與外部的危機。資料之多與內容之複雜，幾乎令人讀得喘不過氣，實在精彩。

第八章談的是布洛克個人生平較灰黯的階段，最主要的困擾是，史塔斯堡大學的盛況消退了，薪水也不太夠用，歷史研究的檔案資料到底還是在巴黎較方便。更重要的是，他的幾位同事都進了法蘭西學院，給他很大的刺激。因爲他自認才華並不比那些人差，他的夥伴費夫賀也進了法蘭西學院這個最令人羨慕的單位，而他自己卻申請了好幾次，屢屢失敗，讓他灰心沮喪不已，這也影響了研究工作。在家庭方面，父親病逝，他自己又有腿風濕的困擾，諸多方面的不順遂，加上工作負擔太大，他幾乎已經撐不下去。作者在這方面所掌握運用的文件，重構了布洛克當時的心境，尤其頁一七七～一八三之間，更顯出布洛克萬事不順的困境，眞令人替他感嘆。幾經波折，一九三六年七月，巴黎大學終於聘任他爲經濟史的「高級講師」，翌年元月改轉爲「非講座教授」，同年十一月改任「講座教授」。巴黎大學是他的第二志願，職位確定之後，生活也安定了，布洛克終於回復了生產能力，出版了他的重要作品《封建社會》（一九三九，一九四〇），此時德法已經開戰了。

第九章分析法國迅速挫敗之因。布洛克以五十四歲之齡，在愛國心的驅使之下，再度應召參軍。德法交戰不到一個月，法軍就完全垮潰。布洛克參軍後仍時有家書往返，法軍潰敗後他隨軍流動，但仍與家庭有書信聯絡。作者基本上是運用這些家書，依年月來分析布洛克的移動，同時以戰局爲背景，再佐以布洛克的戰時筆記，來分析這一「奇異的失敗」。除非讀者對戰局有分析性的興趣，否則我認爲這一章用卅五頁的篇幅並不值得，或許是作者對兩次大戰都有興趣，否則不會在第四和第九章這麼詳細的分析兩次大戰的細節。

第十章談布洛克在部隊解散後，到法國自由區教學、逃避納粹追捕的過程。可憐的布洛克，他的猶太血統使得他在不暢順的局勢下更感到窘迫。雖然他也勉強可以找到教職，但排擠他的力量到處存在。家中人口衆多，母親高齡虛弱，小孩又未成年，經濟生活困難，研究工作被迫中斷，巴黎家中的書被納粹沒收送到德國（戰後取回了一些），此外，《年鑑學報》也有許多發行與內部的困難。他一度很想轉去美國教書，而且聘書也有了，但他堅持必須全家一起去，可是老母又不耐長途船旅，眞是屋漏偏逢連夜雨。

作者在這一章用了五十二頁的篇幅，其中頁二七〇～二七六在談猶太問題以及布洛克對此問題的看法稍微多了一些。或許作者對此問題也很關切，否則這是個次要的題材。

第十一章是記述布洛克地下秘密活動的過程。作者以布洛克參加抗德工作的化名 Narbonne 爲章名。一九四二年布洛克五十六歲，他失業了，全家無收入，又有病痛，他完全放棄了研究工作，加入在里昂的抗德組織。母親病逝後，他把兩個大兒子送去西班牙（進而逃到倫敦），較小的則託給農場友人。他獨自前往里昂，所做的工作基本上是寫文章、發行地下刊物、連絡各地的抗德組織。

他相當的活躍，也過度的曝光，尤其是他中年、矮壯、灰髮、微禿的外表更是引人注目，他心裏預知早晚會被捕。一九四四年三月八日上午八時半，一輛蓋世太保的車子到了鄰近的房子，查問一位店鋪老闆有沒有一個叫 Blanchard（布洛克的另一個化名）的中老年人。老闆指著前方拿著行李箱的人，他就這樣落網了。

隨後的一連串審問、酷刑（灼燒、鞭打、冰浴、拔指甲），伴隨著嚴重的肺炎與毆傷，他住進醫院四個星期才存活下來。出院後，他平靜的在獄中教同獄的人一些知識，以打發時間。六月十六日晚八時，一輛卡車載他們一批廿八個人往郊外，九時機槍響起，四人一組一組的槍決。其中有兩人倖活下來，他們說布洛克在就刑前相當平靜，還安慰同行的一個年輕人不要害怕。

第十二章回顧布洛克的影響。布洛克的就義在巴黎知識圈內引起不小的震動。他的敵人朋友費夫賀趕去里昂追悼他，布洛克夫人也在二個月後病亡，一家人死散各地，他的遺作《史家的技藝》（一九四九）由費夫賀整理出版；發表過的文章也在一九六三年結集出版兩冊。巴黎也成立一個馬克·布洛克協會（現已不存在）。

作者在這章內解說兩個主題。一是年鑑歷史學派在戰後的發揚光大，二是布洛克的著作中，有一些經過整理後出版，外文譯本也愈來愈多，現在對布洛克的研究愈來愈盛。

## 螞蟻式的爬梳工夫

就性質而言，這本書是一本典型的個人生活傳記，筆法平實，資料充分，平鋪直述，文字精簡流暢，乍讀並無奇特之處。讀完全書各頁注解、資料解說之後，最深刻的印象是作者所下的螞蟻式工夫實在令人嘆服。好處是對相關的人與事都提供背景介紹，讓讀者很能跟得上，不會有陌生感。所以這本書，不但讓人了解布洛克的生平與著作概要，同時也勾勒出法國歷史學界在本世紀初期，方法論與研究方向上的幾項大爭論，以及布洛克如何創辦《年鑑歷史學報》，他們遭受到的困難，以及此刊物對日後史學界的影響，都有詳細的解說。

這是一本多面向（歷史學與社會、戰爭實貌）的傳記。對非歷史專業的人也很有啟發性；對一般讀者而言，這本書提供了許多有趣味的話題與現象，對熟悉年鑑歷史學派的讀者而言，作者詳盡的注解，常常提供令人驚奇的資料，不單是蒐集完整，內行人也很容易感覺到那股絲毫不放過的史料追尋精神，提供了許多前所未見的珍貴相片、手稿與文件。從深度、寬度、趣味性、啟發性、知識性各個角度來看，我覺得作者應該得到很熱烈的掌聲。

就所運用的資料來看，作者從布洛克所讀過的學校（包括留德期間）檔案、服兵役的資料、教過書的各大學、與美國大學來往的信函、與歷史學人士往來的文件、與費夫賀的往來書信、與父母妻子的在生離死別期間的信件，都運用上了，這些在頁三五五～三五九中的資料來源內都有詳述，這種上天下海式的追索查證，實在要有相當的毅力才行。她甚至把布洛克在一九三三～一九三六年間薪水的變動都查出來了（頁一六九注六），用以說明他家庭的生活狀況。第二個例子是二次大戰期間，紐約的新社會科學院擬聘布洛克為副教授，但因為他是猶太人，而且全家九人都要出國，所以在護照上遇到了困難，作者從美國的國家檔案局找出了當時美國駐瑞士 Basel 的舊檔案，翻出了布洛克家人申請護照被拒的資料（頁二五〇注二七）。第三個例子是布洛克在五十四歲時（一九四一）寫過兩頁的遺囑，作者把此文件複製在第二五八～二五九頁上。他這篇遺囑內有三段在說明自己一生當中的信仰與所愛好的眞理，之外也說他雖是猶太人，但更是個愛國的法國人，這樣的「遺囑」毫不談及家庭之私，而是對自己一生的立場做一表白。

就內容的編排而言，每一章都能精確的顯現出布洛克在不同階段上的不同面貌。作者不只運用法國的社會與歷史學界的背景資料，來襯出布洛克的「位置」，而且更成功的從他們的信件中，描繪出布洛克心理上的大壓力（頁一七七）、工作上的過度負擔，屢次被法蘭西學院拒絕的苦悶(第八章)。

整體說來,這本書就布洛克的時代背景、個人的外在關係(歷史學、法國知識界)、內在心理的掙扎,都有深刻的分析。較弱的是對布洛克著作的分析,作者對這方面僅止於著書的動機、過程、內容大要,篇幅也在二~五頁之間。但如前所述,這是一本生活傳記,想要寫布洛克的思想傳記,恐怕困難會遠大於生活傳記,因爲那就不只是下工夫的問題了,而是思想概念與文獻掌握能力的層次,需要專業研究某一學問的人才能處理。

劍橋大學出版社的出版品優秀,在製作方面更是謹慎,但這本書的內頁中,竟未標明章別,或許是新招數吧。可是有時想找某一章還得看書頭的目次表,實在不方便。另外,歷史學界習慣把書目附在每頁下方的注腳,雖然閱讀當時方便,但事後回頭查索時,反而造成不便。而且,這麼做的話同一書目在不同注解中出現時,也必須反覆列出,倒不如用社會科學刊物的方式,把書目全部放在書後,一索即得。另一項不便之處是各章內不分小節,閱讀時還好,重讀時查索就不方便了。還有一個地方可以看出這本書用心之細微:十頁半的索引。舉例來說,我想翻查費夫賀和布洛克之間的關係,雖然在閱讀過程中我也記了一些筆記,但和頁三六五內的 Febvre 索引項相對照之下,才顯示出我的筆記實在太粗糙了。再看布洛克項的索引,共計一頁半,眞是用了精神。

我認爲這本書中最有意思的第五～八章、第十一～十二章，這是我的偏好。我目前知道有兩篇書評，一是 Bryce Lyon (1990) 在 *French Historical Studies*, 16(4): 923～927; 另一篇是 Walker 在 *American Historical Review* (1991), 96(1): 128 的短評，以及同一刊物 96(3) 的 *Communications* 上（頁一〇二九），有 Keylor 的反駁和 Walker 的答覆。

我的感覺是，布洛克可能是年鑑學派內最具原創性的人物，可惜他死得過早，他的重要著作還有一些沒有英譯。我相信半世紀之後，歷史學界會還給布洛克在歷史學上一個公道，他的貢獻在法國和在世界上都長期的被低估了。

一九九二・一・一《當代》，第六九期

## 注釋

❶ Marc Bloch (1969): *Souvenirs de guerre, 1914～1915*，《第一次大戰回憶》，Carole Fink 英譯，一九八〇年 Cornell University Press 出版，Cambridge University Press 一九八八年再版。

# 熱度與亮度

## ——細讀黃仁宇的《資本主義與廿一世紀》

書　名；《資本主義與廿一世紀》
作　者；黃仁宇
出　版：臺北，聯經出版事業公司
出版日期：一九九一年

### 楔　子

一九九一年十一月下旬，在書店買到了這本期盼已久的書，這是大約兩年多以前，就看到了出版預告的。我之所以會這麼期盼，是因爲在一九八六年的《食貨》月刊（一六卷，一～二期）上，讀過作者的一篇長文〈我對資本主義的認識〉，曾在上面寫了一句感想：「發人深省，啟發良多。」後來這篇文章收在《放寬歷史的視界》裏，我又重看了一次，覺得作者對這個題材下過了很多的工夫，也很有一些自己的見解，所以很想讀到「全本」。

在這期待的過程中，我因爲專業研究（經濟史）上的需要，把法國年鑑歷史學派布勞岱（Fernand Braudel, 1902～1985）的三冊《物質文明與資本主義，十五～十八世紀》（一九七九）細讀了一遍。我斷斷續續從頭到尾的看，前後用了不少時間，學到了不少的知識，同時也累積了一些閱讀過程中的意見（刊登在《國立編譯館館刊》二〇卷，一～二期）。

有了上述的「熱身」，我興奮的買了這本印製精美的書回來。聯經出版公司近兩年推出16.5×24公分大版本的書，內頁天地寬敞，行距疏朗，視覺上相當舒暢。這一種規格的書，過去多用米黃色的印書紙，這本則改用雪白不反光的白紙，質地細柔，觸感很好，用水筆或鋼筆書寫，那種潤滑肌膚似的感覺，對我而言是一項輕微的誘惑。

另一項特色，也是大手筆的地方，是內文的插圖很多，複製效果清晰，同時也都加了解說，是對讀者閱讀過程中實用的附贈品。這一點倒和布勞岱的三冊資本主義史很像，只是少了書前的插圖目次表。一般中文書在編排上最大的缺點是沒有索引，或者過度簡陋而未能發揮應有的功能。聯經公司在這方面是用心的，本書末二五頁的索引，在第二次閱讀查索特定事項時，才會想到編輯工作者在幕後的辛勞。

近十年來臺灣出版界蓬勃發展，也學到了西洋讀書界排行榜的模式。歷年來上榜的書，大部以實用或軟性書籍為主，硬性的社會科學書籍一向銷路有限。黃仁宇的《萬曆十五年》臺灣版一問世（一九八五年）就激起了很大的反響，至今仍一再的重印。這讓歷史學界和有志於歷史工作的年輕人，得到了更多的鼓舞。西洋和日本的讀書界常可聽聞到歷史著作暢銷轟動的事，這種情形在法國更是普遍，歷史學家在法國的社會地位和在臺灣的情形，呈現了相當明顯的對比。黃先生接續的幾本通俗性著作，更發揮了推波助瀾的效果。這本《資本主義與廿一世紀》登上了一九九一年排行榜第一名，黃仁宇把臺灣知識界的歷史視野，推到了另一個高峰與新的層面。

## 結構

第一章〈問題的重心〉先大略的回顧研究資本主義的文獻（頁一～一五），並指出若「以中國為本位的考慮」，資本主義這項題材對我們的意義何在（頁一五～二三）？接著，他很俐落的析論「中國未能產生資本主義的原委」（頁二三～二八）。我對這兩小節的內容基本上完全同意，覺得他給這個問題，替和我有相近看法的人下了結語，省卻了持這一種看法的人往後的口舌。接著他說明馬克思、韋伯、布勞岱對資本主義的研究，以及陶蒲所歸類的三種學派（頁四）「令人失望」（頁二八）。黃仁宇所要找尋的，是「能對中國目前面臨的各種問題獲得更切實的解釋」（頁三一）。

接下來說明他的分析角度以及所使用的工具。他強調要用「技術性」的角度來分析（這是他的核心概念之一，通見全書，下面會詳論），其中最要緊的環節是：⑴、資金廣泛的流通；⑵、經理人才的非人身關係之僱用；⑶、支援性的服務業（如通訊、律師、保險）能通盤廣泛的使用。而在這三項技術性格之下，還有更重要的法治來保障財產權（廣義的，包括發明專利權在內）。綜觀之，本章回顧了過去的文獻並指出缺失，站在要求解釋中國積弱的立場上，提出自己認爲能達到此目標的分析角度與工具。

第二到第四章分舉威尼斯、荷蘭、英國的例子，來說明資本主義何以能在這些國家產生，如何在各國都經過了漫長社會、政治、宗教與經濟上的衝突與妥協，如何逐漸形成了新的法律概念，再加上金融體系逐漸活絡，資本累積才有顯著的成果，造就了十六世紀之後資本主義的生機。這三個地方（國家），各有歷史的包袱，情形迥異，雖然巧妙與難易各有不同，但必須達到上述三項技術性格之後，才有可能進入資本主義的階段。也就是說，黃仁宇把他所謂的技術性格，來當作一項公分母，用了相當長的篇幅，析述各國達到這幾項目標的奮鬪過程。

這個手法，也運用在第六章談美國、日本、德國的例子上，以及第七章的法國、俄國、中國的例子上。讀者會馬上反應說，中俄兩國並無資本主義，此書何以列入？如果我能替作者回答的話，我就說：這剛好是兩個對照性的反例，用來說明這兩國不能做到合乎技術性格的深層歷史根據。讀者也會問：既以國別爲單位，爲何在第五章挿入思想面，討論「資本主義思想體系之形成」？如果我又替作者回答的話，我就說：因爲在第二至第四章討論了資本主義發達史實之後，也應該了解這個題材另一個重要面向：十五～十八世紀之間，不同領域（哲學、政治、經濟等等）的學者，對這個急速改變的社會，有哪些不同的思想與反省。而這兩點作者一直到第五章的最後一頁（頁二六三）才有一段說明，其實可以在第一章內就指出來。

第五章可分成兩部分，前半部（頁一八七～二二七）是分述幾位在資本主義形成期的代表人物，有馬基雅維利、霍布斯、哈靈頓、洛克等人；下半部（頁二二七～二六三）則分述資本主義茁壯至成熟期間的幾位代表性人物：亞當・史密斯、李嘉圖、馬克思、韋伯與宋巴特等五位。

第六、七兩章所分析的六個國家，除了法國之外，都是在十九世紀末二十世紀初才興起的（中國例外），所以排在第五章之後也並不太唐突。他認爲以上諸章所討論的國家或地區（中俄除外）是資本主義運動的「主流」，他在第八章中間夾有一節「主流之外的經驗：丹麥與西班牙」（頁四六二～四七〇）。我對這樣的安排有一些不同意見，因爲：⑴、法國和西班牙（她在拉丁美洲的銀、糖、殖民地）應該夠資格獨立兩章，列於英國之後，就資本主義發達史而言，這兩國遠比美、日、德重要太多了；⑵、丹麥絕不比葡萄牙重要（想想其在巴西、澳門、非洲的殖民經營，而丹麥呢？）；⑶、義大利統一前的熱內亞（Genoa），在金融界的地位比丹麥重要太多了（他在頁七五裏提了兩段）；在兩頁不到的篇幅裏，作者也沒說清楚丹麥的重要性（頁四六二～四六四）。

第八章的「總結」以丹麥和西班牙的例子爲分界，在此之前（頁四五一～四六二）基本上是綜述前面七章的要點，在此之後（頁四七〇～四八二）則放眼大中國地區，談他對香港、大陸、臺灣的看法，角度上還是和前面諸章相同；就這點而言，倒是相當的一以貫之。

## 內容

第一章和第八章的內容在前面已略述過，以下就其餘各章的主題做評論。第二至第七章的手法與觀點基本上是互相貫通的，所以就以第二章（威尼斯）的材料爲主，說明我的主要論點。這樣做的話，第三至第七章就可比較輕快的帶過了。

以精美豐盛的牛排大餐爲例，我們都知道雖然點的主菜是牛排，但不會第一道就上來，而是先送湯、麵包等等「前戲」，之後才是牛排「主戲」。我們從菜單（書名）上，以及從第二章的主旨（主廚特別推薦的獨門菜）所看到的，是作者想從資本主義這個題材來「追尋近代西方的發展動力」（本書副標題），而他所宣稱的特別處理法，是因爲作者對旣存的「三種學派之令人失望」（頁二八標題），「以上說及諸子百家對資本主義的解釋，一般視界太窄，注意力只及於局部」（頁三二）。所以他主張用前述的三點「技術性格」（頁三二～三三）來探討這個主題。

這是一項很誘人的餌（廣告），在我知識所及的範圍之內是首見。在第二章的第一段裏，作者也指出前戲技巧的重要性：「不如先引導出一件非常的事蹟。」這事蹟就是華立羅（Faliero）在一三五五年被威尼斯法庭判決叛國罪的前因、經過與後果，並夾述威尼斯的特殊法律、社會、政治與經濟結構。這一章共五十頁（頁三七～八六），這段前戲至少佔了三十頁（頁三七～六六）。

性急的讀者早已不耐，熬不住想要看到廣告上的主要訴求點，資本主義的三點技術性格是如何在威尼斯產生的？以及發揮到了何種程度的功效？資本主義的發展，在威尼斯這個例子上，眞的是和這三點技術性格息息相關、環環相扣嗎？到了第六八頁時（已經過了三十頁），作者才告訴我們說：「我們不能決定何者是資本主義的共通性格，何者是威尼斯島國特殊的情形。」廚師很有禮貌的交代了這道菜的困難性之後，我們自然耐心的繼續等下去。

從第六九頁起，作者話鋒一轉，分述義大利其他城市國家的情形，用以對照威尼斯的進步「在資本主義形成時，確是個中翹楚」（頁六九）。他用了十頁的篇幅，掃射性的介紹了佛羅倫斯、米蘭、熱內亞三個工商業發達的城（邦），等於是廚師又用了五分之一的時間來說明爲何這道菜比其他的菜更具特色之處，眞急人！從頁七八～八六，作者才拉回到主題來！「檢討威尼斯的資本主義體制，我們還是從資金流通、經理雇聘和服務性質的專業的三個原則比較容易著手。」（頁七八第二段）在不到五分之一的篇幅裏（頁七八～八六），他快速的上了這三道主菜。

單就篇幅的分佈而言，未免有本末倒置之憾。再就這三道主菜來看，每道菜分不到三頁的篇幅。有歷史研究寫作經驗的人都知道，在這樣的空間裏，最多只能做到「寫意」，而不能「寫實」，更遑論「工筆」了。旣是以此三道爲主菜，我當然是期待「工筆」型的論證過程，對非專業讀者而言，我想他們也會期待有「寫實」層次的滿足感。這種三頁「輕舟已過萬重山」的寫法，有虛幌一招之嫌而無說服之力。如果把篇幅比例顛倒過來，或許情況會好許多。我覺得這是一個很難處理的題材，作者有避重就輕之嫌。爲何不扣緊三項主要的訴求，詳細的論證其過程，再加上前菜與飯後甜點，豈不就名副其實了嗎？

這種「牛肉在哪裏？」式的疑問，在下列諸章中還會出現。我覺得這是本書在內容上第一個貫穿性（各章皆如此）的缺點。第二項貫通性的缺憾是這本書的「摘述性格」。從書名以及第一章的宣示裏，我所期待的是用西洋史料來印證三項「技術性格」，藉以彰顯作者如何在「追尋近代西方的發展動力。」作者在頁四一（注四）上說明：「我在作此章時經常參考的兩部有普及性的讀物」，一爲 Lane (1973): *Venice, A Maritime Republic*，一爲 Norwich (1982): *A History of Venice*。是的，作者是誠實的，我們在這章共六十七個注解中，Lane 的名字或其書名至少出現在廿五個注解內，Norwich 的名字或書名出現在八個注解內（可惜書末未附西文人名地名索引）。當然本章也參考了不少其他的著作，但基本上還是以這兩本爲主。

從注解內的資料來源分佈，更加強了我閱讀時的疑惑：這到底是一本論證式的學術性著作，還是一本摘述兼評論式的半通俗歷史書籍？我現在確信是後者了。先確定了這項性格，才不至於做過高或不適當的批評。從全章行文可看出這種摘述性格，從所徵引的書目中也看出此點，因爲他所引用的文獻都是西洋史學界所熟知的，而且都限於英文著作或有英譯本的專書，毫無單篇論文或檔案文獻——而這是「研究」型著作所不可欠缺者。

義大利或歐陸語文的原著當然不能強求，但有一項我認爲不應該遺漏的文獻，就是布勞岱的《物質文明與資本主義》第三冊第二章第二節專論威尼斯與資本主義的部分（英譯本頁一一六～一三八）。黃仁宇在本書中屢屢提及布勞岱及其著作，但我都只見到他引用第二冊，在正文如此，在書目內（頁四八四）也如此，都未提及第三冊。這倒是個不小的疏失，因爲第三冊才是論資本主義發達（尤其是金融、國際貿易面）的重頭戲，在主題上是近半世紀以來與黃仁宇的書最密切相關的專著。再就威尼斯這個題材而言，正好也是布勞岱最拿手的題材之一，這是他年輕時期的舊愛，他在一九八四年八十二歲時出版一本 *Venice*（巴黎 Arthaud 出版社，可惜無英譯本），也很有參考價值。

如果黃仁宇參閱布勞岱第三冊頁一一六～一三八的話，他會發現布著許多基本論點和他的第二章內容出入很大。最根本的差異在於，布勞岱是從經濟地理變遷的觀點來看威尼斯的興起與衰落，他的成名作《地中海》（一九四九）也是用這個觀點寫的。威尼斯之所以能興起，基本上是因爲十五～十六世紀的世界經濟，是以地中海域爲中心（西、葡、義爲主），東西貿易的興盛更是主因。在此時期，威尼斯在社會、政治、經濟的組織結構上，正如黃仁宇所說的，具有彈性的優勢性，而且幾乎在各方面都肯遷就經濟上的需求來調整，這是生存的一大特色，也因而能擊敗競爭的對手城邦熱內亞（熱內亞的國際金融業發達，但地理位置不利於控制海域，因而東方貿易的市場被威尼斯所掌取）。此外，東西貿易以威尼斯爲中繼點，左右橫接地中海域，往北通向歐陸內部，這種經濟地理上的優勢，才是威尼斯興起的根本原因。他的說法用經濟學的理論重述起來較簡潔：地方小、目標一致、內部經濟、交易成本低，因而獲利高、資本累積快。我完全同意這種興起的說法。必先有此優勢之後，才會有（也必然會有）金融業、服務業、非人身僱用專業經理的現象出現。

黃仁宇未點明此世界經濟局勢之潮流，反而把重點放在「技術性格」的三項特徵上。我總覺得這是局部、是「事後」而非「事前」的解釋，因爲如果技術性格的三個特徵能用來解釋威尼斯與資本主義興起之間的因果關係，那也應該能用來解釋威尼斯是如何衰落，以及如何被北方的荷蘭與英國取代的過程了。

我認爲不能，而黃仁宇也沒做到。他在頁八四～八六談到了威尼斯衰落之因的問題。在頁八四內他簡介了一些傳統的看法，之後在頁八五第二段內他說：「以長時間、遠距離的姿態，……則認爲關於威尼斯的衰退很可以用地緣政治（geopolitics）的觀念解釋。」

他對衰落面的解說相當閃爍：「在此可以看出威尼斯之衰亡並非前述三個技術上的條件逆轉，而是這座自由城市不能加速維持其所創造的一種運動。除此之外，我們與其絞盡腦汁去猜測何以沒有發生的事情竟沒有發生，不如節省精力，去觀測已經發生的事情在何種情況下發生。所以我們敍述威尼斯的情形，就此結束。」（頁八六）

這段結語說明了兩件事：⑴、威尼斯的衰落與三個技術上的條件無關（我覺得也和其興起無關）；⑵、本章沒能解答威尼斯爲何衰落，而這是一個核心問題，否則我們如何能「追尋近代西方的發展動力」呢？所以，我覺得本章沒有先解釋威尼斯能興起的大背景，也沒能解釋其衰落之因。而布勞岱的經濟地理優勢變遷說則是一項較有力的解釋，這一套解說，出現在布勞岱《資本主義》第二册的頁五六六～五七八（黃仁宇在本書中反覆引用此册），現摘述如下：

布勞岱所提出的「經濟地理變遷說」，基本上是史實的問題，所引起的爭辯也較少。他的基本論點認爲，宗教改革時期的歐洲，整個來說，在經濟上已經取代了地中海域（尤其是義大利）的經濟主控權。這類經濟的重心遷移在歷史上是常見的，例如回教徒興起後，拜占庭就衰落了，回教徒的經濟主宰權後來又讓給歐洲人（西班牙人、義大利人）。但到了一五九〇年左右，歐洲的經濟重心又遷移了，這次是移往北海（這個在當時最繁盛的地域正好是基督新教徒居住的地區）。所以，從經濟重心遷移的觀點來看，歐洲經濟的主控權曾經在地中海域的不同地點，由拜占庭、回教徒、義大利人輪番主導過；後來地中海域的風光遂漸被西班牙和葡萄牙所控制的南大西洋海域搶了過去，尤其是新大陸發現之後，西班牙的影響力更大。所以，在十六世紀末宗教改革時，如果「資本主義」這個字眼能用的話，是應該用在歐洲的南方（義大利與西班牙）。

南方的幾個國家有了地理上的大發現，例如葡萄牙是最早到東印度羣島、中國、日本的；西班牙到了中南美洲；義大利的經商網也到過地中海域之外的地方；而歐洲北方的國家在開拓方面卻什麼也沒有做到。資本主義發達所不可欠缺的交易工具（匯票等）也都是南方發明的，甚至後來的阿姆斯特丹銀行也是倣效威尼斯的 Rialto 銀行模式。

為什麼在南方的經濟重心會移轉到北方來？其中有一項簡單而重要的因素。西葡兩國的王室對海外經營的國家獨佔權控制得很緊，主要是為了能增加國庫收入以應付日益短缺的政府開支，所以從海外回來的船貨都要課上一筆可觀的稅。精於計算的商人馬上意識到，只要往北再走幾天，到北海域的安特衛普、布魯日（Bruges）、阿姆斯特丹、鹿特丹等港口出售貨物，不但能免除西葡的重稅，而且貨品因能透過多瑙河、萊茵河等內河網路而銷售到極為需求殖民地貨品的內陸，價錢又可賣得更好，所以只要有可能自然就在北方卸貨了。北方的港口方便，而且是一片尚未開發的新市場，在外貨的刺激下，交易日趨活絡。

另一項關鍵性的因素是因爲北方的開發程度較差，生活水準和工資費率也比南方低，南方的工業逐漸的被北方的低工資、大市場、廉價的內河運輸網、沿海有效率的船隊等等這些有利的競爭條件搶過去了。再加上北方的資源（木材、穀物、羊毛等）比南方豐富，價格又低，北方的人工作較勤奮（相對於南方的「懶惰」），所以工業生產的重心也逐漸由南而往北移了。再加上一五九〇年左右，整個歐洲經濟的景氣正走下坡，這對原先已繁盛的南方所造成的打擊，比剛剛才要起步的北方嚴重，這自然又是北方站立起來的好機會。南方的海外貿易因爲國家與社會的約制而移轉到北方，再加上南方的工業也逐漸不敵北方的優勢條件而相對沒落。工業和商業這兩項關鍵性的行業，在上述的因素之下，進行了一次經濟重心的轉移（當然這也是一個緩慢的過程）。

以上的論證可以化約爲一個簡單的問題：在南方的威尼斯衰落與北方的荷蘭興起的諸多因素當中，到底是經濟因素（資源多、工資低、市場大、運費廉、自由低稅貿易區）佔絕對重要的影響力，或者是黃仁宇的三項技術條件較重要呢？附帶說一句：前述布勞岱第三册第二章第二節談威尼斯的部分相當精彩俐落，鄭重推介。我覺得黃仁宇在第二章所說的內容大多是一些 soft facts（以島內的事件爲主），而布勞岱所說的，才是「不可逆轉」的結構、優勢喪失之大悲劇(harsh realities)。

從這裏我們看到本書的另一個貫穿性的缺陷：作者沒有處理「動態過程」，而是把威尼斯、荷蘭、英國……當作個別的獨立體分章析述；每個環節都做了個別解說，但沒能串連起來。如果歷史能有借鑑的功能，那我們從威尼斯、荷蘭……諸國的興衰過程又學到了什麼呢？三項技術性格是必要而且充分的條件嗎？或許是必要吧，但絕對不充分。我覺得布勞岱做到了黃仁宇一向提倡的話：「放寬歷史的視界」。

附帶的談一項方法論上的問題。哲學上有一個很有名的 Occam's rasor principle (Occam 的剃刀原則)，意思是：我們所需要的基本材料，不必超越過我們所研究的主題。換句話說，資料只要能用來佐證或否證命題卽可，不直接密切相干的就不需要了，剪刀漿糊式的堆砌材料，反而不够俐落，也誤導了後生，因爲這等於不教導選擇的眼光，而在示範效率不佳的寫作方式，以及不緊湊的文章風格。黃仁宇的文體對大眾讀書界或許有易讀之處，但他的剃刀實在不够鋒利。

以上運用威尼斯的例子，舉出了本書三項貫穿性的缺陷：(1)、篇幅分配本末倒置；(2)、摘述二手著作再加上評論而非第一手的史料論證；(3)、是局部的靜態分析，而非寬廣層面的動態分析。

以下幾章也都有此結構性的問題，所以只要輕快的點出卽可。第二章的主角是荷蘭，篇幅四十頁（八七～一二六），約有三分之二的字數（頁八七～一一四）依例是綜述荷蘭的歷史特徵、地理特性、政治糾葛、宗教革命。從頁一一五起至頁一一八進入主題談貨幣與信用的問題（銀行、證券交易所、投機行爲等等）。之後談荷蘭的海外經營（北歐、西印度羣島、遠東）至頁一二三，其餘兩頁半是餘論，較難歸類。

單就他的技術三條件而言，信用體系談得最多，其餘兩項（非人身僱用專業人材、支援性的服務業）都簡略到難以明辨的程度，宣稱的遠多於實行的。就篇幅比例的分配而言，和威尼斯的情形一樣，本末倒置，就輕避重。以其摘述性而言，本章的主要參考著作是 Vlekke 和 Motley（詳見書後的參考書目，在此不抄述）。最後，他也未說明荷蘭的霸權是如何被英國取代的（只有頁一二六的半段說明，但未說到要點上去），也就是說章與章之間的關係並未建立起來。我還是推介布勞岱第三册第三章第一、二節（頁一七五～二二〇），相當的精彩，可惜黃仁宇未引用參閱。

第四章談英國的情形，同樣的，是宗教、社會、政治史、內戰的內容（頁一二七～一七二）遠多於和經濟活動相關的部分（頁一七三～一八五）。當我讀得不耐時，作者適時的出來說明：「這些瑣碎情事，與資本主義之發展有何關係？它們沒有關係。」（頁一六八），之後又繼續摘述政教之間的糾葛至頁一七二爲止。之後的九頁半篇幅內，綜述了三項技術性格的發展過程。我覺得較值得一提的，是他摘述出農地財產權重新歸屬之後，對往後經濟發展的奠基性貢獻，這不只是純經濟層面的意義，而且也藉此「重新釐定高層機構與低層機構間之聯繫」（頁一八二）。這是他的評論要點之一，他也把這個觀點施用在本書的其他例子裏，我覺得這是一個值得探討的好題材。另一項是，他在同一頁裏給資本主義下了一個定義（或許用界說較適切），這也會在稍後詳談。我覺得這一章的後半部談與資本主義較直接相關的部分，比前兩章深刻、有意義。同樣的，我也要再介紹布勞岱在第三册第四章第四節（頁三五二～三八五）論英國的部分，其精彩處是把焦點集中在英國的「國家市場」是如何緩慢形成的，以及對全國經濟和資本主義興起的重要影響，而終於能壓倒法國而進入日不落國的動態過程，內容精簡，頗具說服力。

第二至四章的題材我都沒有專業上判斷能力，也不知道他所參閱的書籍是否够具代表性。我教了好幾年的大三西洋經濟思想史，第五章的題材正好是我所倚爲衣食者，所以讀起來特別有職業病式的敏感。這一章的篇幅相當長（共七六頁，一八七～二六三），討論與資本主義相關的「軟體面」（思想）。

第五章基本上也可以拆成兩部分來看，前半部（頁一八九～二三七）是介紹「資本主義思想之成熟」期之前的幾位「代表性」人物的思想：馬基雅維利及其《君王論》、霍布斯及其《巨靈》、極端派的理論、哈靈頓及其《海洋國家》，最後是洛克的思想。下半部（頁二二七～二六三）則是成熟期的代表性人物與思想：亞當·斯密（即亞當·史密斯）、馬爾薩斯、李嘉圖、馬克思，最後是韋伯與宋巴特。

從專業的角度來說，前半部我不同意，下半部我不推介。與資本主義相關的思想，經濟思想史這個老行業累積了一世紀以上，在人物方面已很少有漏網之魚，這個行業的生存空間，是在用更新的分析工具來做不同的詮釋。作者在前半部所介紹的人物，說他們是資本主義成熟期之前的代表性人物，對我這個行業而言，除了洛克之外，都是首聞。我細查了黃仁宇所常引述的熊彼德（Schumpeter）名著《經濟分析史》的索引（王作榮中譯，臺灣銀行《經濟學名著翻譯叢書》第一二四種，四册）未見馬基雅維利之名，霍布斯的名字集中在頁一一八～一二一幾頁中提到，也沒黃仁宇所說的那麼具有重要性。再查另一位英國經濟思想史名家 Terence Hutchison（1988）的名作 *Before Adam Smith*, Oxford: Blackwell，也未見這幾位人名有此地位，反而是上述兩書內的幾位重要人物如 Cantillon, Quesnay 等卻完全未提。黃仁宇若要說服經濟思想史學界，說馬基雅維利與霍布斯有些重要性，恐怕需費相當力氣。

下半部所介紹的那幾位人物我沒有意見。我教了這門課幾年，覺得本章內容並未超過大三教科書的程度，而且還出現了一些單從字面上理解所產生的明顯誤解。例如，頁二三五第二段說史密斯「接受了霍布斯及洛克的自然法則和勞力價值論，《原富》（即《國富論》）書中多次提到霍布斯。」自然法則我不確定，勞力價值論我確定不是從霍布斯來的；此外，《國富論》只提到霍布斯一次（Cannan 注解版的索引做得非常好，共六三三頁，見頁九三四的 Hobbes 條）。

再舉一例。頁二四二下他說李嘉圖在其名著《政治經濟學與稅收原理》（一八一七）「以數學解決問題的方式。……他先造成幾個極簡單的抽象觀念，視之爲上天誥命，自然法則。以後的議論全用演繹法，從這些抽象概念推斷而成。」這樣的說法實在是駭人聽聞。這種方法怎能讓人信服他的目的在「研究社會生產的每一階級應得分配之規律」（頁二四二下）呢？此事說來複雜，有興趣的人請看林鐘雄（一九八六）：《西洋經濟思想史》第七章（三民書局），或是看研究所程度的教科書 Blaug（1985）: *Economic Theory in Retrospect*（劍橋大學出版社）第四版第四章，或大三程度的教科書 Staley（1989）: *A History of Economic Thought*, Oxford: Blackwell 第八章。

最後一例，頁二四六說馬克思至左，李嘉圖極右，這也是我所初聞。請看 MIT 經濟學名教授 Samuelson 長銷、暢銷四十多年的大一經濟學原理教科書（一九九二年第十四版），背後封裏有經濟思想史譜系表，他把馬克思歸在李嘉圖這一支。況且，黃仁宇在頁二四三的（注一二九）也引述熊彼德的話，說李嘉圖是馬克思視作老師之唯一經濟學家。馬克思豈會私淑且讚揚一位「極右」的英國人？我也不明白「李嘉圖之極右思想已替共產主義開道」之理（頁二四八）。

總而言之，以我的專業質之非專業的歷史學家並不公平，但我也必須指出，非專業的摘述恐怕誤人事大。再看他所參閱的兩本主要著作，一是 Roll（1961），一是熊彼德（一九五四）的兩本，都是當時的名著，但未免「不知有漢」了。

對馬克思的部分，我有一個感覺，他還停留在「孫中山式」的理解層次上：病理家VS生理家，而且我也感受到他在主觀上有點排斥的味道。這個領域進展很快，新文獻多得不得了，請見前面提及的兩本英文教科書中的介紹。至於他對韋伯與宋巴特的了解，近年來臺灣知識界有過一陣子韋伯熱，像這種表面掃射式的摘述，韋伯專家們恐怕另有微詞。

第六章的寫法仍未脫第二至四章的模式，介紹美、日、德三國。我對這章的評論和前面二至四章一樣，不贅述。第七章談法、俄、中三國的例子，我對俄國例子的看法同上，對中國的部分沒話可說，因爲他比我懂得太多了。我對於法國的例子則相當有意見，在頁三三四

～三七〇之間，我們所預期的是法國如何進入資本主義，可是，我想我沒看錯，他全部都在摘述法國大革命的過程，這和本書的主旨有何相干？本章把法、俄、中三國的革命併在一起談，中、俄的例子可以只談大革命，因爲這兩國是產生資本主義的反例，談大革命可襯出其社會不合理的根基與結構。而法國的情況不同，法國和威尼斯、荷、英是屬於同一類疇的。從本書的書名看來，我實在不知道爲何法國的資本主義過程不能獨列一章？要談大革命對法國資本主義的影響也可以，但我不知有哪些文獻分析過這個題材，黃仁宇也毫未示知。我只好又推介布勞岱第三册第四章第三節（頁三一五～三五二），他談自己的國家絕不外行，他分析法國在資本主義形成的過程爲何失利，而被英國領先佔據世界經濟舞臺，相當動人。如果大革命與資本主義相關，他爲何在此節內一字不提？

## 概　念

### ◎定義的問題

本書一開始就介紹資本主義名目的由來（頁二～四），他基本上是在引述布勞岱的說法。

然而，這只是列舉不同時代不同學者對此名詞的不同界說，還沒有到下定義的程度。我很少見到有人敢給這個名詞下定義，連布勞岱都只在考證不同的說法，而一直避免給這個名詞下定義。因為他很明白會因其不週全性而惹來更大的指責。

更過分的是，在他的三本資本主義發達史裏，他甚至避免給資本主義的具體內容提出清晰的界說。所以讀了他的書，也不敢確定他心目中的資本主義到底是什麼。他這種閃爍的態度，讀者都察覺到了。難道所謂的大師，都有創造「模糊的想像空間」的權利嗎？布勞岱對資本主義的概念太不易捉摸，以致在原書出版十二年之後，還要煩他的美國弟子華勒斯坦（Wallerstein）這位「世界體系」的倡說者，寫一篇專文來解說到底在布勞岱心中的資本主義之概念是個什麼模樣，此文刊在 *Journal of Modern History*，一九九一年，六三卷頁三五四～三六一。

黃仁宇在探討威尼斯、荷蘭、英國的情況之後，在第四章頁一八二說：

> 將各種條件綜合融合之後，我建議給資本主義以下的定義：資本主義是一種經濟的組織與制度，內中物品之生產與分配，以私人資本出面主持。大凡一個國家採取這種制度以擴充國民資本為當前主要任務之一，所以私人資本也在其政治生活中占有特殊的比重。

他認爲：「這樣一個定義，已經將經濟生活、社會生活與政治生活聯成一氣。其中各種因素相連結而發展到最高潮時，勢必又涉及宗教。」在頁一八七裏，他把他對資本主義的看法與邏輯綜述一次；在頁二五九裏，他引用了一段陶尼對資本主義的說法來支持他對資本主義的注解；在頁四五一～四五二裏又重覆了一次；在頁四七〇～四七一裏又以另一種方式來複述。

綜合的說來，我對他的界說或定義或理解都同意，因爲資本主義在十五～二十世紀緩慢醞釀形成的過程當中，在各國各地所遇到的事件多到不可能完全被界定出來。所以，任何人給資本主義下任何定義，在理論上都是可接受的，沒有對錯的問題。我認爲，一項好的定義是：(1)、能捕捉住此現象「核心的關鍵」；(2)、或能掌握住該現象的「最大部分」；(3)、或能據以彰顯出「前所未見」的現象。

從這個觀點來看，馬克思用階級鬥爭進化史現象來看資本主義，是合乎了第三項的特點，韋伯的新教倫理說也可作如是觀。所以，攻擊馬克思是病理家是無意義的，這種夠資格的病理家在思想史上並不多見；況且，我們也很需要有病理家。黃仁宇在本書中一再讚揚的霍布斯，難道就是個好的生理家嗎？

若以上述「好定義三條件」來看黃仁宇給資本主義所下的定義，我並不覺得合乎其中任何一項。他的「新意」在於把「經濟生活社會生活與政治生活聯成一氣」，並且認爲宗教也是不可疏忽的一環，我覺得這樣的定義是在界定範圍（by scope）。「後現代」派的文化理論家會說：資本主義與文化活動之間的相互影響性也不小。所以，依黃仁宇的「範圍介界法」，我們可以輕易的加上「文化」一環，而沒有人會說那是錯的或是不可以的。說極端一些，這樣的範圍或定義，在理論上可以無限度的加添與延伸。

所以，問題不在「涵蓋面的廣度」上，而是在能以證據來界定出其內容(by evidence)，次而理出其特質（by properties）。用涵蓋面式的定義，很容易流於字面之爭。一套完整的論證說服過程，by scope 是第一步，第二步是 by evidence，之後要 by properties，我覺得更重要的是第四步：要能描繪出其內部重要因素之間相互運作互動的機能（by mechanism）。例如：社會、政治、宗教、經濟之間如何互動？這些因素與資本主義的生長如何相涉？如何互爲表裏？這才是「動詞」式的定義，而非「名詞」式的定義。馬克思和熊彼德做到了能用不同的邏輯，論證了資本主義必將崩潰的「動態過程」。雖然黃仁宇在各章綜述了各國的情形，並名之爲「追尋近代西方的發展動力」，但我仍然覺得，整本書對我而言，就像他所下的定義給我的感覺一樣，是以 by scope 的性質爲主，而且是綜述性的，論證的深度相當不足，「動態過程」（尤其是國際間的興替機制）方面的說服力不够。

## ◎技術性的分析角度

本書中有兩項主要的分析概念（或也可稱之爲工具），在各章中隨處可見。一是第一章（頁三二～三三）所宣傳的技術性格，前面已稍談論過了。二是數目字的管理（頁五二七的索引中顯示至少出現廿二次以上），這個名詞在黃仁宇的其他著作與文字內也時常出現，可算是他的專利詞。先說第一項工具的應用。

書中常見到「本書從技術的角度看歷史」這樣的句子（如頁一一、三三、九〇、一八一、一八九、二三三、二五四、二八七、三四〇、四五六等）。在閱讀的過程中，我有點迷惑，因爲在頁一一我看到：「本書從技術的角度看歷史，也可算作陶蒲所謂的第三派之一。」我從頁四得知這一派「重視自然經濟蛻變爲金融經濟的過程」，這和頁三三的宣稱相同。我就從這個說法，來看「技術性的角度」這個名詞。但到了頁九〇，他說：「除非先站在技術的立場，將荷蘭獨立的沿革和背景作較詳盡的敍述……」，在這個場合之下，這個名詞和「自然經濟蛻變爲金融經濟」的內容就很不同了。到了頁二三三，說亞當・史密斯「他倒是決心從現局裏，站在技術的立場上，推敲各種問題的由來，而考究不同的對策。」雖然我不很確定其所指，但這應該是另一種內容的「技術性角度」。在頁二五四裏，他說：「站在純粹技術的觀點來看（也就是低估意識型態），……」」，那顯然又是另一種內容。頁二八七說：「資本主義……於技術上代表一種緊湊的組織與運動」，我想這屬於頁四的類型。而到了頁三四〇：「以下是我們對大革命的看法，注重技術立場，並在議論中追述革命過程中最基本的事實」，此地的技術立場不知何指？爲何和大革命相干？

綜言之，從上面的引述，我被導引到不同的方向，我試著歸納出兩種內容，一是頁四、三三的「蛻變爲金融經濟的過程」，一是頁二五四的「低估意識型態」。或許他交叉使用而未意識到讀者所可能引起的困擾。我認爲第一種內容才是他的主要訴求，因爲第二種「低估意識型態」在文史研究上是沒有意義的宣稱。有人會宣稱他是以某種意識型態來寫歷史的嗎？他只會用「理論」來訴求，而且堅信自己的是理論，別人的才是意識型態。

所以現在只需看自然經濟蛻變到金融經濟的過程即可。這是本書最核心的概念，因爲作者要從這個觀點來追尋西方近代發展的動力。我覺得他應該以此爲利器，一斧劈往這個面向。可是，如第二節所析，就整本書的篇幅來看，這個面向所佔的百分比實在過低，反而被其他的事項掩蓋，終未能讓讀者感受到此概念原應發揮出來的分析特點。

把視界再在放寬一些，資本主義是一個多面向物的綜合體，除了頁三三所界定的三項技術性格之外，也應該包括生產面與貿易面。我覺得十五世紀以來西方經濟（或資本主義）的大幅增進，基本上是人口增加、東西南北貿易量大增、新大陸的開發、工業生產力（效率）的提升，以致使資本累積、再投資成爲可能；此外，物價波動、景氣循環、國際間強弱對比也很關鍵。黃仁宇則完全忽視此重要面向，而執著於技術面，就好像是只從企業管理、金融服務學來談臺塑企業成功的因素（動力）。管理者與後勤支援當然重要，然而更深層的決定因素仍在於臺灣的勞動力相對的便宜（或英國的生產效率高），能在國際市場上競爭，以及本國天然資源的天賦條件（礦、林、農、地勢交通）。「技術面」是經濟發達之後必然產生之果，而非其因。我覺得單單側重技術面是重末輕本的。

## ◎數目字的管理

我們也可以用同樣的道理來看他的法寶概念（magic concept）：「數目字的管理」。這個概念是全書內使用頻率最高的一項，但有一個缺點，即缺乏論證過程。從頁五二七的索引反查找到全書提及此名詞的地方，我們可以看到這項概念是以兩種簡單對立的模式在運用：⑴、資本主義成功的國家或地方（第二～四章），他會說：「這也就是全國進入以數目字管理的階段。」（頁一八七）；⑵、對俄中兩國無法實現資本主義的地區，他會說：「於是無從使國家現代化，進入以數目字管理的階段。」（頁四三四）。可是他從來沒有證明過：荷英等國是在：①哪個年代；②用了哪些數字；③管理到了哪些項目；④管理的效果如何。

西歐諸國在十七～十九世紀之間最進步的，首推有日不落國之稱的英國，「英國的經濟組織不僅超過荷蘭，而且成爲世界之最先進，而且執全世界牛耳達好幾世紀之久。」（頁一八〇）有一本歷史統計的專書，是 Michelle, B. R. (1988): *British Historical Statistics*，劍橋大學出版。我們看到了幾項數字：英國的人口數在一五四一～一八〇一年間只有「全國總額」；有性別、年齡的分類是一八四一年才開始（頁七、一七）；郡縣級的人口資料是一八八一年後才有（頁三三）；依職業分類的勞動力人數是一八四一年才有（頁一〇四）；各項農業產量是一八六七年才有數字（頁一八六）。最傲人的恐怕是他們職業統計數字了：一六九七年開始有「總額」（頁三三〇）。這些數字，以現代的眼光來看，算是粗略的，有些甚至是推估的。所以大致說來，英國有諸部門的數目字，是十九世紀的事了。

如果認爲英國的例子不夠，還可看同一作者編的另一本歐洲歷史統計：Michelle, B. R. (1980): *European Historical Statistics*, 1750～1795, London: Macmillan. 從他們所報告的數字，可看出歐陸國家的數目字比英國的還不完整；就以年代而言，也是十八世紀中葉之後才有了。我實在不明白黃仁宇是根據什麼證據，來說英國在十八世紀時「全國可以有如一個城市國家樣的以數目字來管理」（頁二二一～二二二），更不理解緊接著的一句理由：「因爲其一切因素均由市場力量支配。」

英國的情形如此，荷蘭及更早的威尼斯想必也無法以數目字來管理。以一九九〇年代的臺灣現況來說，行政院主計處所公佈的各種數目字，可算是相當先進的了，而「有數目字」和「可管理」之間是有相當差距的，試看臺灣地下經濟和逃漏稅的嚴重程度卽可知。黃仁宇把這兩者混爲一個「動名詞」來用，我認爲他主觀的認定西歐諸國已達此境界，一方面是不合史實，二方面在概念上也未能區分有數目字和可管理性之間的現實差距。

我班門弄斧舉一個他拿手的明代史料爲例。一九八八年出版的「北京圖書館古籍珍本叢刊」第五二～五三册，是史部・政書類的《萬曆會計錄》。黃仁宇在寫作《明代十六世紀的財政與稅收》時看到的是微卷。唐朝李吉甫（七五八～八一四）取憲宗元和年間（八〇六～八一九）的國計著《元和會計錄》，類似現代的國民所得帳，宋丁謂著《景德會計錄》（一〇〇四～一〇〇七年間），田況著《皇祐會計錄》（一〇四九～一〇五三年間），蔡襄著《治平會計錄》（一〇六四～一〇六七年間），蘇轍著《元祐會計錄》（一〇八六～一〇九三年間）。元代是否有會計錄尙不可知。據《萬曆會計錄》卷一得知，明洪武廿六年（一三九三）與弘治十五年（一五〇二）都曾有過類似的會計錄。現存有「全本」可查的是《萬曆會計錄》。(《光緒會計錄》也還在。)我翻閱了《萬曆會計錄》，被其中四三卷一三七三頁的內容驚住了。田土、人戶、夏稅、秋糧、田賦、餉額等大項不說，連文武官俸祿、內庫供應、鈔關船料商稅、馬草、雜課也都很齊全，數目字也精細到了小數點的程度。

所以，要說有數目字，中國比西歐諸國不但先進而且精細；至於可管理性，那就不敢說了。因爲《萬曆會計錄》的數字皆用大寫壹貳叁來表達，閱讀上我不知管理者如何能把「文字數字」轉譯成「可管理的數據」。我常看到聖批「知道了」，我猜想除此之外他也無從查對起。第二，這樣的數字表達方式不易對帳：從縣報到中央的層級不少，官吏在數目上稍一調整，中央單位如何能對帳？我的綜合感覺是：⑴、會計錄的記載形式不易一目了然；⑵、見後則易忘前，不易前後查對；⑶、內容太雜碎；⑷、單位太多，未能換算成簡單的共同單位。所以，我更加確信有數目字不見得就能管理，古今中外皆然。

黃仁宇的這項 magic concept 在概念上太籠統，在西歐史上無證據，在中國的例子上也未點出毛病在於：「只用數目字來管理」，而未顧及(或已無法顧及)數目字與實況之間的鴻溝。漢唐盛世不必有數目字也可強大，明中葉後徒有數字，卻早已失控了。有數目字且可用以有效管理的大概只有二次大戰後的幾個先進國家吧！此外，既然這麼看重數目字的重要性，爲何不在書中用統計數字、曲線圖來「管理資本主義史上的數目字」呢？這樣豈不更有說服力？

說得過火一些，我覺得他有點濫用這個名詞。他在綜述的過程中，遇到社會組織紊亂情況，一時想不出可解釋的邏輯，就把這一句話往上一套，當作萬靈丹來用。例如頁三五四說：「一九七八年法國所遇到的困難，乃是環境需要採用一個用數目字管理的方式，首先則低層機構中各項經濟因素要能公平而自由的交換。」眞是說來容易，我看法國到了十九世紀末也未必能達到此項要求。

很快的談一下他的另一項關鍵詞：「自由而公平的交易」。美國的反托拉斯法案（Sherman Act）是一八九〇年訂立的，這是世界上第一項防止不公平交易的立法，顯示不公平的交易已嚴重到需要立法防止了。臺灣的「公平交易法」是一九九二年二月施行的，我們倒很難相信世界上存在過或存在著「自由而公平的交易」，黃仁宇一再的使用這個名詞（見索引），但未舉過一個實例來佐證。相反的，否證的例子我們隨地可見。

## 細節

本書的一大特色是挿圖甚多，有助讀興。篇幅所限，我只舉第一章內的挿圖爲例，提供再版時參考：⑴、頁三左邊的相片是諾貝爾文學獎得主紀德（André Gide, 1869～1951），而不是同頁文中所說的法國名經濟學者 Charles Gide（1847～1932）。後者是前者的親叔父，有髮有鬚戴眼鏡；⑵、頁五的圖片是德國紐倫堡的「商會」(house of merchant)，不是「商社」，詳見華勒斯坦的《世界體系》第一册封裏插圖；⑶、頁一〇的圖片是一五四〇年的安特衛普港，布勞岱第三册頁一五二有解說；⑷、頁一三的圖是波蘭 Danzig 港的「商會」，不是在巴黎，繪作於一六〇三年是對的。背景也不是凱旋門，因爲此門是一八三六年才落成，所以此畫不能「反映出十六～十七世紀巴黎商業發達的情形」；詳見布勞岱第三册頁四九的插圖；⑸、以下諸章的插圖我未詳查，也不內行，但理應注明圖片翻拍的來源；此外，插圖可給一名稱並編號，製成目錄以供查索。

前面說過，本書的索引做得不錯，但有幾個重要的概念倒遺漏了：「非人身的管理」、「非人身的歷史解釋」、「自由公平的交換」（有此項，但缺漏不少）、「技術性的角度分析」。此外，西文人名地名也可以做一個索引。

參考書目方面，我見到福睿（Furet, 1981）的書目條上，把出版者誤爲英譯者，在文中〔頁三三四（注一）〕也有同樣的錯誤。最後，我覺得第二至第四章內可分小節並給標題，否則讀來不知如何換氣。

## 結論

黃仁宇先生想必是發過宏願，經過多年的閱讀與思索，才能寫出這本大部頭的書，功勞、苦勞、疲勞想必兼有。這本書的好處是說理清晰內容豐富，知識性的養分很多，對讀書界的貢獻，余英時先生在序言一開始就點明了：「我們對於這樣重要的一個概念竟缺乏基本的知識，正是因爲中國史學家在這一個題目上完全交了白卷。現在這個缺陷已由作者塡補起來了。」

這句平實的話使我感覺到，我們的西洋史學實在薄弱，這是一個不幸的事實。我對這本著作雖然有上面的批評，但那是專業上的攻錯。就社會意義而言，黃先生這本書是苦心爲教導自家子弟而寫的，這本書當能帶動起國人對西洋史學理解的追求。

我很快的綜述我對本書的評論：

(1)、廣度大於深度：本書涵蓋面甚廣，這可一目了然。他所提出的技術性角度分析和數目字管理，以及其他較次的概念，例如「公平而自由的交換」，我覺得不够犀利深刻，還需要更嚴謹的論證過程才會有足够的說服力。總而言之，他的防線過長，一個人難以有效的堅守各據點；他的解剖刀不够長、不够利，單是放寬歷史的視界還不够，更要深入歷史的脈動來相輔。

⑵、熱度大於亮度：家庭用的燈泡點亮幾分鐘之後就十分燙手（從前有人拿來替小雞取暖），原因是電力一大半耗在熱度上，導致亮度效率不高，所以發明了不燙手的高效率日光燈。黃先生的《萬曆十五年》已譯成多國語言，在國內外的史學界都引起相當的熱潮。而這本資本主義史，基本上是摘述自西方著作，然後用自己所提出的架構來評述他所摘述的內容，不是原創性很強的著作，所以恐怕譯成外國文引起外國史學界注目的機會不大。整體而言，我覺得這本書對中文知識界所產生的熱度，遠大於對歷史學理解上的照亮度。

讓我有點納悶的是，以他對經濟事務、概念之陌生（非其專長），竟投入在一個以經濟現象爲主體（資本主義史）的題材裏，而又把重點放在非經濟面（社會、政治、宗教等）上，在我所知道的資本主義史著作中，這倒是一大特色。我因爲先讀過布勞岱的三册資本主義史，所以對本書已有先入爲主的參照點，加上第五章又是我的專業，所以意見不少。大部分未如此熱身過的讀者，恐會覺得我言之過厲。

我從《萬曆十五年》、《明代財政與稅收》以及黃先生的其他著作裏，學習到了許多的知識，雖然我在此說了一些逆耳的話，但並未因而改變我對他在學識上敬業精神的尊佩。我引一段李嘉圖的話來作結語：「現在，我親愛的馬爾薩斯，我的話都已說盡了。正如其他的好辯者一樣，在經過這麼多的辯論之後，你我皆可保留住自己的看法。但是這些辯論並不影響我們之間的友誼；事實上，即使你完全同意我的話，我也不見得會更喜歡你。」

一九九二・四・一《當代》，第七二期

# 《論歷史》解析

書名：*Ecrits sur l'histoire*

作者：Fernand Braudel

出版：Paris: Flammarion (Champs No. 23), 1969

英譯本：Sarah Matthews 譯，On History，芝加哥大學出版社，一九八〇年

中譯本：劉北成譯，《論歷史》，臺北，五南出版社，一九八八年

## 前言

法國年鑑學派第二代的領導人物布勞岱（一九〇二～一九八五），在他退休之際出版了這本論文集（一九六九）。他的史學著作基本上是實證取向的，他也以很能從史料內提鍊出有意義的歷史概念聞名，例如在他的《地中海》、《物質文明與資本主義》裏，大家已經都

看到了這方面的顯著成果。

這本《論歷史》收錄了十二篇文章，包括一篇《地中海》序言的摘錄（第一章）、一篇法蘭西學院就職演講辭（第二章）、一篇他最著名的史學方法論（第三章）、三篇論歷史學與其他社會科學相結合的文章（第四～六章）、五篇書評與引論（第七～十一章），以及一篇討論文明史的專文（第十二章）。

就年代而言，這些文章是在一九四四～一九六三年間發表的，這也正是他最旺盛的時段。從一九六三～一九八五年去世爲止，他除了出版《物質文明與資本主義》（一九七九，三冊）、《法國史》（一九八六，三冊）之外，其餘的單篇文章與許多書評仍未結集出版，希望這些將來都能一起出書。

以下先依序簡要的表達我對各章的看法，下一節則對全書做一綜合評論。

## 分述

第一章是從他的成名作《地中海與菲利浦二世時期的地中海世界》第一版（一九四九）序言的下半段摘錄下來的。主要是介紹該書的內容是由哪三部分所組成，更重要的是在介紹他在本書中所創發的三種歷史時間概念：地理時間、社會時間、個人時間。本章的篇幅只有三頁，若要看此書四次修訂版序言的全文，請看《思與言》，二九卷三期（一九九一年九月）賴建誠的譯文。

第二章是他一九五〇年十二月在法蘭西學院（Collège de France）的就職演講。一九四九年他的老師費夫賀（Lucien Febvre, 1878～1956）退休，由他接任。這是法國教授職位中最榮譽的，由該學院中各行各業現有的教授（四〇～五〇人）投票選舉，競爭激烈。教學規定很簡單：每年要換一個新的題材。但壓力之大也可想而知。布勞岱在此教到一九七〇年爲止，之後由他的學生，也是第三代年鑑學派的主將 Le Roy Ladurie 接任。

初任此教職者須發表公開演講，基本的內容是在說明自己研究領域的特點與方法，以及此領域的未來展望。這些講辭之後都會以專書或專文出版，而且有好幾本都成了經典性的著作，例如 Pierre Bourdieu 和 Michel Foucault 的講辭都是很具代表性的。

在這篇講辭內，布勞岱以〈一九五〇年歷史學的處境〉爲題，重估當代史學的優劣點，全文共分四小節。他有兩項主要的訴求：(1)、主張「全部的過去都需要重構」（頁一四）；(2)、他反對事件史的研究，主張應從總體史、長時段的角度來研究歷史。

這是一篇宣言性很強的講辭，一方面強調這個時代太富於災難和意外的事變，在一個什麼都在變動的世界裏，傳統的事件史研究方法，無法捕捉到歷史的深層脈動。本文的前兩節在說明這一種方法論上的缺陷，第三節開始「推銷」他的長時段總體史觀，第四節在頌揚他的前任也是他的老師的研究貢獻。

一九九一年現在重讀此文，感覺到他在四十八歲時所寫的這篇宣言，在內容上竟然延用到他一九八五年八十三歲去世時的著作中。正因爲他下半生都在使用同樣的宣言，所以，回溯的看來，這篇在一九五〇年代很具有宣戰意味的文章，現在對我們已無多大新意了。

第三章是本書內最重要的一篇，也幾乎可以說是布勞岱一生當中最重要的單篇論文，我想也是一篇可以傳世的文章。這篇文章的主旨很明確，在他五十五歲英壯之年，他終於把從《地中海》一書提鍊出來的長時段（longue durée）概念，以較完整的形式，加上更多方法論式的表達，寫出了這篇較爲形而上式的歷史哲學文章。

他心目中的對象，除了以歷史學界爲主之外，還包括了廣義的社會科學界，以及哲學界的可能讀者在內。在寫作的嚴謹度與注重程度上，他對這一篇文章所下的功夫是顯而易見的，因爲他知道，這篇文章將會是他的代表作，而他在一九四〇年代所創發的長時段概念，在「促銷」了將近十年之後，需要把它提升到理論與哲學的層次。因爲他很明瞭，要讓長時段這項分析工具能存活下去，就必先能使它概念化，因爲只有能夠概念化的分析工具，才有被不同行業借用、引申、加添不同領域的具體經驗內容的機會。

所以，他先說明一九五〇年代的史學，所面臨的時代和從前已大不相同，因爲社會狀況發生了激烈的動盪（例如兩次世界大戰），新的社會科學相繼茁壯（如經濟學、社會學、人類學），歷史學所遇到的困難，一方面是既有的分析工具與觀點，已明顯的不足以解釋歷史現象，二方面是新興各種社會科學對社會現象的分析能力，以及各學門所產生的新概念，對歷史學界都產生了很嚴重的威脅。

相對於社會科學，歷史學界很少能提鍊出具有分析力、洞視性的概念。布勞岱明白這一劣勢，爲了避免史學被社會科學征服，在力挽狂瀾的驅使下，他提出一個在社會科學上較弱或甚至一直被忽視的面向：長時段的概念。他說，社會學家的分析中缺乏一個社會時間的面向，地理學家的著作中，沒有地理時間的面向，其他的人文社會科學（經濟、人類、語言、心理、人口等學門），對時間的面向也未賦與足夠的注意。

之後，在全文裏，他主張用「持續的時間」（durée）來作爲分析的工具，持續的時間（或譯爲時段）可以分成短、中、長三種。他反覆的舉了不同學門、不同歷史階段、不同的史實，奮力爭論一個現在大家耳熟能詳的論點：短時段的事件史就像火花和泡沫一樣，易來易逝，更深刻的分析應該要能找出整個事情的結構，以及在長時段內結構的動態變化。要做到這一點，就要把歷史的焦點放在地理時間上，放在社會時間上，所觀察的時間單位不再是短暫的一年、五年、十年，而是中長期的三十年、五十年的趨勢變化，以及更長期的世紀變化。

讀這四十頁的譯文，很讓人有喘不過氣來的感覺，布勞岱眞是一個難纏的推銷員，知識廣博、自信、聲色俱厲、反覆論證、緊咬不放，就算他不能 convince（說服）讀者，必定很能 confuse（攪迷糊）有疑問的人。這一篇眞是他傾全力的演出，我想，到了下個世紀這一篇文章還是會流傳下去。從另一個角度來看，這一篇也列舉了四十六項參考書目，而其他各章就明顯的少了許多。

第四章〈人文科學的統一和多樣性〉，基本上是以不同的語句在重複上一章的內容，無新意可言，而且和上一章相較之下，更顯草率。

第五章〈歷史學和社會學〉的主旨是在鼓吹這兩個「相近」的學門成親。這一篇是他應巴黎大學社會學教授 Georges Gurvitch 之邀而寫的。一方面這兩人在德國戰俘營時期就是好友，二方面是 Gurvitch 的社會學分析很注重時間面（見頁九七的解說），這很合乎布勞岱的口味，三方面是年鑑學派在一九二〇年代很受涂爾幹社會學的影響，布勞岱願意讓這兩個有淵源的學門再度有密切聯繫，我猜想這是他願意寫此文的綜合動機。

回顧的看來，這是一九五〇年代末期的觀點，那時期的歷史學和社會學之間在法國還有相當近的血緣性。從一九九〇年代的現況來看，這篇文章所鼓吹的論點已無意義，這兩個學門在英、美、德等國早已各有獨立發展，就算在法國本土這兩個學門也早已各說各話。所以，布勞岱想以「時段」這個分析工具來當作這兩學門的公分母，這在第三章內已經充分表達過了，在此只是重炒一次而已。其中頁九三～九七，他寫了幾項漂亮的論點，但內容與格局都是舊的。

更令我失望的是第五章的〈關於歷史經濟學〉。我的專學是經濟史與經濟思想史，所以對這一章的期望較高，希望能看到他在社會經濟史研究二十年來的經驗談。

這篇文章刊在一九五〇年的《經濟評論》（*Revue économique*）創刊號上，我查了原刊物，才了解布勞岱跨行寫了這篇文章的原因，是因爲他是編輯委員之一，而一九五〇年也是他在專業成就上很得意的一年：當選法蘭西學院講座教授。而且，這個刊物是由一九四七年剛創辦的「高等實用研究院第六組」（一九七五年改爲高等社會科學研究院）所主辦的。所以，我覺得此文很有可能是他的應酬作品。

對這項龐大的題材，他以十頁不到的篇幅和兩項注釋寫出這篇有三小節的文章，我實在看不出他的重點和論點，更無新概念、新面向可言。如果同樣的內容，署上你我的名字，我不知道有哪個刊物肯接受。

從第七到第十一章都是書評，我覺得第七章最內行、最有力、最有相輔相成的功效。我想最直接的原因，就是 Pierre Chaunu（巴黎大學現代史教授）所探討的題材：《塞維爾和大西洋，一五〇四～一六五〇》，是地中海域研究的另一部分，而這一地域也正好是布勞岱的「老地盤」，所以他很能說出一些內行的評論，相對於同書內的其他幾篇書評，這種讓讀者有內行的感覺，在這章裏特別的明顯。

法國的歷史學比其他國家的歷史學界在社會上享有較特殊的地位，所以人材也輩出。Chaunu 的年齡比布勞岱輕，但在著作的數量上卻遠超過他，而且比他更早進入 Institut de Fmance 當院士。他的著作目錄以專書計，在一九八八年時已經六十本了，尚未計入許多的單篇論文，以及一九八二年以後的每周評論在內，生產能力著實驚人。他和他夫人 Huguette Chaunu 合著的這套大作是在一九五五～一九六〇年間陸續出版的，共十二冊七、三四三頁，非常驚人。我的整體感覺是，比布勞岱年輕十歲之內的歷史學家當中，Chaunu 可能是最讓他吃味的一位。

Chaunu 最有名的就是數量系列史的研究（histoire quantitative, histoire sérielle），也就是說，他很能够運用數據資料，建立各種長期的經濟與社會變動狀態，而這也是布勞岱在這篇書評一開始就讚譽他的地方。

在第一節的「結構與局勢」裏，布勞岱批評 Chaunu 的研究對象是一個「武斷的空間」，所以儘管有很豐富的資料與論述，但「我們在其中看到的將是弱點、空白、令人驚異的省略」。我對這個領域完全無知，但看起來好像是擊中了架構上的一個弱點，不知 Chaunu 是否對此書評有回答。

之後他以四節的篇幅詳細論說此書的優缺點，在此無法也不必摘其精要。我有兩點較深的印象：⑴、這是一篇行家對行家的精彩書評，不論在格局架構、史料的運用、問題的重心上，評者都很適切的爲讀者點出這項題材的另一些重要層面；⑵、但布勞岱所提出的參照架構，很可惜的，又是他的老套：反覆強調長時段與總體史的研究方法（頁二二一～二二二）是較具優勢的分析工具。

第八章是評論 Sorre 在一九四三年出版的《人文地理的生物學基礎》，這篇書評是一九四四年出版的，也是本書諸章中最早的一篇。此時二次大戰尚未結束，布勞岱也應還在戰俘營，很有可能他是在德國讀了此書寫了這篇書評，然後寄給他的老師 Febver（本章注釋五的 Febvre 編者注證實了這一點），登在他所經營的《社會史論叢》（*Mélanges d'histoire sociale*）上。這個刊物其實就是《年鑑學報》，它的創辦人之一馬克・布洛克因爲是猶太人，正在逃避納粹追捕，所以在戰時由另一位創辦人費夫賀獨撐，稿源與出版等各方面都有困難，所以暫改此名，戰後就改了正名，延用至今。

布勞岱對生物學並不在行，他爲什麼要寫一篇這個陌生領域的書評？我想有下述的原因。從這本書的標題看來，先吸引他的很可能是人文地理這個主題，因爲大家都知道他和他的老師基本上都很受地理歷史學的影響，所以旁枝的也注意到人文地理學，但他們從未見過有人從生物學的角度來探討人文地理，所以對此書大感興趣。正如他在本章第一頁就說到的：這本書提出了很多很好的問題。

從整篇書評看來，我覺得他基本上是在摘述、介紹這本長達三卷的著作內容，以及說了一些零碎的感想，和上一篇有體系性的銳利評論形成強烈對比。從他所摘述的一些生物現象，我們仍可以體會到，一個興奮的外行讀者，正在熱切地向他的同行介紹一本另一個領域的作品，以及強調這個方向的研究，對本行可能會有很大的啟示。他把這篇書評收進來的原因，就他個人的意義而言，或許是當作五年戰俘期間的一項紀念品吧。

第九章〈論社會史的一個觀念〉，前三節是在摘述、評論 Otto Bruner的《社會史的新路線》（一九五六），最後一節「什麼是社會史」則是借題發揮，旨在闡述他自己對社會史的看法。我對此題材完全外行，所以期待也很高，可是我不知道我學到了什麼，或許是我沒有那一行的基本概念所致吧，社會史的專業人士或許另有評價。

在他自己對「社會史是什麼」那一節裏，我看到他又在玩老招數：強調長時段與總體史的必要性與優越性（頁一六五～一六六）。前三節我無法評價，這一節我確定對我毫無新意。

第十章〈人口學和人文科學的範圍〉是在評論三本人口學的著作。他對 Ernst Wagemann 人口史著作的評語，看起來怒氣十足，說「這些著作是草就的、未完成的、發高燒的、自娛娛人的，……甚至是平庸的」（頁一七一）。我對這一節沒有意見，只是不理解爲什麼他爲這本這麼令他不滿意的著作用了那麼多的筆墨（頁一〇）。

Alfred Sauvy（1898～1990）是法國人口史的權威，以 Sauvy 在經濟學與人口學的深厚素養，我擔心布勞岱的書評並不容易搔著眞正的癢處，反而容易自暴其短。首先，從他的摘述裏，尤其是頁一八二～一八三述說邊際生產力曲線、總體生產力曲線、最適人口等概念與數據時，我完全跟不上他的文字論點，我也懷疑有多少讀者在沒有曲線圖與幾何圖形的輔助之下，能理解布勞岱的論說旨要。其次，他的批評對經濟學與人口學的專家而言，顯得相當外行，未能提出一個有效的攻擊，也未能提出一個有效的歷史概念，來對人口史學者產生新的啟發。相反的，他又拿出老套，攻擊 Sauvy 太注重「瞬間」的事件，不注重「長時段」的分析（頁一八八～一九〇）。這篇書評是一九六〇年發表的，他的「長時段」宣言（第二章一九五〇年、第三章一九五八年）早已爲眾所熟知，如果我是 Sauvy 的話，我會感激歷史學界這麼重要的人肯介紹我的書。

他所評論的第三本著作是 Louis Chevalier 的《十九世紀上半葉巴黎的勞動階級和危險階級》。布勞岱說：「這確實是一個好題目」，我完全同意，尤其是「危險階級」這個好題材是很少人研究過的，他主要是從工人階級中的自殺、殺嬰、賣淫、精神病、死亡率等角度去研究。我的感覺是，布勞岱對這本書的題材很認同，而且也很有話可說，也眞的說出了一些漂亮的論點（頁一九一～二〇四）。這篇書評不論在頁數或分量上都很足夠獨立成章，我認爲在本書第七～十一章的幾篇書評中，這篇的品質僅次於第七章。

第十一章是評述 Marvin Haris（1956）的《巴西的城鎮和鄉村》，這本書的內容是「它所涉及的完全是一次旅遊以及在一個巴西小鎮的逗留」（頁二〇九）。我有點疑惑，爲什麼提倡「長時段」、「總體史」的歷史學家，對「一次旅遊」、「一個巴西小鎮」的書寫了十五頁的評論，而且還收錄在他的史學方法論文集之內？

我願意相信「整本書描述生動、內容有趣」（頁二〇九），可是我的疑惑仍然未除。本文的前三節基本上是在摘述這本書的內容，到了第四節，尤其是頁二一九以下，布勞岱說起一九四七年他也在巴西的另一地區有過一次旅行，在隨後的一兩頁裏，他似乎掉入了自己往日的回憶裏，使我對這篇書評的史學意義更加的疑惑。

若從巴西旅遊記載的角度來看，這本書無論在架構上、深度、廣度、趣味性等各方面，大概都比不上李維・史陀斯的《憂鬱的熱帶》，而爲什麼布勞岱獨鍾於那個巴西小鎮呢？我唯一能想到的解釋，就是他在一九三五～一九三七年間在巴西聖保羅大學教書，以及一九四七年又去過一次，這本書的記載與情境，對他產生了親切感，動情之下寫了這篇書評，也藉此記錄了他自己的巴西情感。否則，我眞的不理解此書與歷史學有何相干。

另有一點，本篇的副標題是「用現在解釋過去」，這個「口號」的另一半：「用過去解釋現在」則是下一章的副標題。這兩句口號就是從他老師費夫賀的名言改寫的：「由過去了解現在，由現在了解過去」。這本描述巴西一個小鎮的書，或許眞的能夠讓讀者從現在去解釋過去，可是我總覺得，應該會有更好的著作或史料，能把這句話的眞實意涵呈現得更貼切。

第十二章是《法國百科全書》（一九五九）第二〇卷內的第五章：〈文明史〉。它的副標題是「用過去解釋現在」。基本上這是一篇回顧與評述性的文章，在導論裏他先說明了文明史的性質，之後，在篇幅很長的第一節「文明和文化」裏，他分成兩小節來討論，先談文明與文化這兩個名詞的起源與變化。在七頁的篇幅之內，我們再度肯確的見證了布勞岱的博學，我從來沒想像過這兩個名詞還能這麼的複雜，基本上這一小節是名詞解說。下一小節則在界定「文明」的內在意涵，以及六位名史學家對此概念的不同詮釋。我覺得本章中最重要的部分在此，稍待再分述。

第二節「處於十字路口的歷史學」，主旨是論述應該從哪些角度來把文明史這個題材界定得更好。第一小節「必要的割愛」中，他簡要的提出應如何取捨史料，才能讓此題材的特色突顯。在第二小節「應謹記的標準」裏，他提出自己對名詞的定義，說得很清楚明白，也很有主見。下面兩個小節「關於歷史學和人文科學的對話」、「打破專業界限」，其內容對讀者都是很熟悉的老話了。最後一節「歷史學面對現實」內又分四小節，其中的第一小節「文明的壽命」，他又在提倡應該用「長時段」的觀點來解釋文明，才是較合適的工具。就這一點而言，我覺得他並沒有說服我，反而讓人啟疑：「長時段」眞的是歷史分析的萬靈丹嗎？之後的三個小節基本上是「餘論」，刪去也無妨。

綜觀的看來，本文的重點在第一、二兩節，寫得相當好，其中更爲精彩的是第一節第二小節，旨在評述六位史學家對此題材的論述。這六位當中，我覺得他對史賓格勒（頁二三八～二四二）和對湯恩比（頁二四三～二五二）的評述較深入，其餘四位只各佔一至兩頁的篇幅。他對湯恩比的評論最長也最生動，相當令人印象深刻，謹此推介。

中譯本多了一篇附錄，是華勒斯坦（Wallerstein）對布勞岱的史學貢獻所作的綜合評述，原文刊在 *Radical History Review*（一九八二年第二六期），譯文先在《當代》月刊登過（一九八八年一〇月號第三〇期）。大家都知道華勒斯坦受到布勞岱很大的啟發與影響，在他所服務的紐約州立大學 Binghamton 校區，他創設了一個「布勞岱中心」，他的成名作《世界體系》（四冊）也是很受布勞岱的啟導。總而言之，他對年鑑學派非常的熟悉，對布勞岱尤其尊崇。

在這篇綜述兼評論的文章裏，我覺得華勒斯坦似乎沒把讀者對象界定清楚，因爲他在前三頁（頁二八一～二八三）裏介紹布勞岱的生平，這件事有必要再說嗎？有必要由這位美國的大社會史學者重述嗎？之後他綜述戰後歐洲學術界的幾股潮流與各學派興替的過程（頁二八四～二八六），這種綜述的對象是一般讀者而非西洋史學家。其餘部分（頁二八七～二九五）則在介紹、評論年鑑學派的史學方法之特徵與強弱點。這個題材眞的過大，十二頁的篇幅只能提供蜻蜓點水的效果，而且內容包括太廣，每項只給一段評斷，眞難讓人評論。

整個說來，我覺得這一篇文章對華勒斯坦而言是容易的，沒有參考書目、沒有注釋，前半部的綜述實在不必，後半部的評論類似以機槍快速掃射，也不知最後究竟打下了幾隻鳥。

一九九一年他在同一刊物（第四九期）又寫了一篇〈超越年鑑？〉（Beyond Annales?），在八頁之內，他又快速的對整個年鑑學派掃射了一番。我的感覺是，年鑑學派對外國人或許是一個均質的共同體，但對法國歷史學界而言，那是一個內容複雜的團體，其本質在一九八○年之後也有了化學性的變化，內部的檢討文章也四起。如果華勒斯坦是北美地區年鑑歷史學派的主要代言人或評論者的話，他不應該只寫這種掃射型的文字，而應該一個個的瞄準射倒給我們看，並加上解說，才具有深刻的說服力。

## 綜述

我把本書各章的主旨以及我的評論列在表一內，簡要的呈現我的讀後觀感，同時我也試著給予不同的星號（*），來表示我喜愛的程度，*號愈多表示愈好。

表一 《論歷史》各章主旨與評估

| 章別與頁別 | 主旨與評論 | 評估 |
|---|---|---|
| 一（一～四） | 這是《地中海》（一九四九）一書序言的主要摘要，主要是介紹該書內容與三種歷史時間的概念。稍嫌簡略，應可收錄全文。 | ** |
| 二（五～二六） | 這篇法蘭西學院就職演講辭是一篇宣言式的文章，反對「事件史」的研究，主張以「總體史」、「長時段」的角度來分析史料。 | *** |
| 三（二七～六六） | 這是最富盛名的「長時段」史觀論說文，把上兩篇的內容作更廣義的解釋，作更概念化的論說。此文釐清了他一生主要分析工具的論點。 | ***** |
| 四（六七～七七） | 把上一篇的論點用另一種形式表達，並無新義。 | * |
| 五（七八～一〇三） | 積極鼓吹歷史學應該和社會學「成親」，兩者的公分母是「時間」：歷史時間與社會時間的近似性。這是他一系列主張歷史學和人文科學對話中，最有力的一篇，其他這類的文章則較弱。 | *** |
| 六（一〇四～一一三） | 談歷史經濟學。這是一篇應酬拉扯之作，對兩個學門皆無啟發性。 | * |

| | | |
|---|---|---|
| 七（一一四～一三二） | 評 Pierre Chaunu 的成名作，非常深入，幫讀者提出了作者所未注意到的層面，可以當作書評的範本。 | ***** |
| 八（一三三～一五一） | 介紹一本從生物學角度來分析的人文地理學著作。內容有趣，但他對此題材並不內行，是介紹性的而非論證性的。 | ** |
| 九（一五二～一六七） | 評論一本社會史的著作，然後提出他自己對社會史這個概念、領域的看法。意見表達多於概念的建構。 | ** |
| 十（一六八～二〇七） | 評論三本人口史的著作。他有很多意見，可是好像不能深入到改變原作者的想法。他對此題材很有興趣，可是缺乏可與原作者相比擬的分析工具。 | *** |
| 十一（二〇九～二三四） | 評論一本記錄巴西某小鎮今昔對比的書，很難讓人理解此書評與歷史分析的直接關聯性。 | * |
| 十二（二三五～二七九） | 這一篇長文是典型布勞岱式的文章，非常的博學，對其他學者在文明史研究的論著有很好的評論，之後再提出自己的不同架構，以及如何篩選史料、選用分析工具，相當的完整也很夠深入。 | ***** |
| 附錄（二八〇～二九六） | 這是華勒斯坦綜評布勞岱史學貢獻的主章，牽扯了太多平面的事實，反而無法讓讀者具體深入的理解布勞岱的真正貢獻何在。這是一篇輕易的評述。 | ** |

經過表一的摘述、評論、評估之後，單從最後一欄的數量化結果來看，我認為本書內可以長存的有第三、七、十二等三章。有三篇完全是輕率容易的作品（第四、六、十一章），我可以確定說，這幾篇文章若換上你我署名，肯定不能發表。其餘七章中等。這項數字正好是常態分配：三好三壞七中等。由此可見大師級的人物也非篇篇皆上品。

我在這篇評論裏，沒有進入任何一項技術性細節的討論，而只在架構的層面上評估，這麼做的缺點是說服力較弱，只能在外圍說好說壞。但這也是不得不如此，一方面我對那些技術問題沒有具備可以和他們爭論的條件，二方面是一旦進入這個層面，事情就會沒完沒了。我雖然不會拍電影，但也還能分出個上下優劣。

綜觀全書，而布勞岱這本文集可以算是他的史學方法論，有別於其他三部實證研究。我們在這本書內，可以歸納出他的三項法寶：⑴、長時段的分析單位；⑵、總體史（全面史）研究法；⑶、史學與社會科學結合、對話。這幾項概念，在一九五〇年的就職演說（第二章）就已有了基本雛型，到了一九五八年的代表作（第三章）內已有成熟的全貌，然後他就用這三項寶貝縱橫全書，反覆使用，到了後來反而令人啟疑：這三項概念難道是放諸四海通用的好分析工具嗎？我懷疑。

更令人印象深刻的，是他在書評中屢屢評他人只注意到事件、短時間、「武斷的空間」

（即未考慮全體史），然後爭論說長時段與全面史的優越性。他拿著自己塑造的三個框框去套其他的作品，不合框框的就攻擊，未免主觀性過強。再說，這幾篇書評除了第七章較深入外，其餘諸篇對他而言都是容易的，因爲他只在旁邊說這裏不够好、那裏缺什麼，而沒能在概念與內容上說服讀者說：加上了哪些概念與材料之後，對整本書的架構與深度會產生怎樣顯著的變化。而這才是我們從大師級人物身上所預期、所企求的，否則這類不够用心的書評由普通人來寫就可以了。

再來談他的分析工具。他一生堅持那三樣法寶，而且在方法論上幾乎是排他的，色彩過度濃厚反而易引強烈反擊。他幾乎是以傳教士的心情，在做一個永不疲煩的史學分析工具推銷員。奇怪的是，以這麼一位精力旺盛的史學大師，竟甘於在一九五〇年代就把自己的研究方法論定型，一直施用到過世爲止，爲什麼這位有「史學界諾貝爾獎級人物」之稱的大師，只有那三件衣服換著穿，出現在各式各樣的場合達近半世紀之久？難道他沒能力多做幾套新的嗎？

## 對中譯本的觀察

翻譯人文社會科學的著作是一件吃力不討好的事情，所以我一向持感激的態度，因爲譯者在明知得不償失的情況下，還願意爲中文讀者界施肥，就算譯文略有閃失，我也從不苛求。譯書實非易事，尤其本書是法文譯爲英文之後再轉譯爲中文，所以，如果「翻譯就是叛逆」的話，那麼，這本中譯在先天上就有了雙重的失落。

而我在此的要點，是著重在第三層的失落上。在閱讀的過程中我感到相當的吃力，除了內容的理解要注意之外，譯者的中文也是一大困擾，例如「以及居於研究工作的最前列的無可比擬的殊榮，儘管那種研究可能是大膽冒險的」（頁二一），這怎能讓手邊無原文的人看懂呢？再舉一例：「在這兩個鄰人中，一個畢竟不能嚴格地說成他的領域的過去，他這樣做的藉口是重複性；」（頁八九）我實在是跟不上。這類的例子在全書中還有不少。

另一個問題是理解上的失誤，僅舉兩例：「正如經濟學家的聰明說法，即其他一切都是平等的」（頁一七〇）。經濟學界的人立即可判斷這是本行最基本的假設 other things being equal 的誤譯，應譯爲「在其他條件不變的情況下」。這本書內所牽涉到的學門領域甚廣，「外行」的理解是任何人所難免的，所以如布勞岱一直所強調的，歷史學界的人應該多接觸其他的人文社會學科。

另一個小例子是頁一七四上談到氣候變化與價格變動之間的關係。經濟學家很知道這是英國 Stanley Jevons（1835～1882）最早提出的太陽黑子與景氣循環有正相關的假說。我查了布勞岱原文（頁二〇〇）和英譯本（頁一三五六），才了解中譯者的「白斑週期」就是太陽黑子週期，或許兩岸對此名詞有不同的譯法。

從用字遣詞裏，我感覺到譯者是大陸的學者。離開主題的說，我覺得近十年來大陸漢譯了不少好的著作，但其中也有一些太快或甚至很勉強的譯文。更嚴重的是，當在理解上有困難時，他們也處理得很有自信，我並沒有去查對本書中英法文本之間的差異，所以我無法談這一點。

我倒建議，西洋史學著作中有許多人名、地名、事件對東方讀者是很陌生的，譯者有必要儘可能的加上注腳，這會是一項很有助益的附加價值。本書最後附上了英中人名對照索引，但是如果沒有附上頁數以便翻查，這樣的索引有什麼大功用呢？最後一點，這本書的排校實在粗糙，外文的錯誤不說，中文的錯別字也遠超過學術著作可容忍的範圍。

一九九二・六《新史學》，三卷二期

## 附　記

我知道對這本書的法文版有一篇英文的書評，刊在一九七一年的 *History and Theory*，第十卷三四七～三五五頁，作者是 J. H. M. Salmon。這是原書一九六九年在巴黎出版後所寫出（英譯本是一九八〇年才出版）。Salmon 的評論和我的評論相隔二十年，但已如布勞岱所說的：「談論重要的著作何時都不爲遲」（頁一六九），這本書或許值得多從幾個角度來評，才更能評估出它的眞正貢獻。

Salmon 的評論方式，是摘述此書各章的主旨，之後在全文最後兩段才陳述他自己的評論：「我儘可能客觀的重述本書的主旨。但我在下結論時，還是要指出布勞岱在出版這本文集時的遲疑（見本書序言），是有其因素的。」（原文倒數第二段）他以兩段的篇幅來批評此書的缺點。

我這篇書評所採取的策略剛好相反，我完全不是在客觀的重述各章主旨，而是直接對各章的結構與論點說出我的看法，或許有時批評稍過，但這也可當作一種「引言」。

# 人物

# 臺灣研究文獻的重生者

## ——周憲文先生（一九〇八～一九八九）

### 生平

民前四年生，原籍浙江省黃巖縣，民國二十年畢業於日本京都帝國大學經濟學部，旋被聘爲中華書局編輯，主持新書之出版，兼事《辭海》之編輯。「九一八」事變發生，中華書局創辦《新中華》半月刊，意在鼓吹備戰；總經理陸費伯鴻原擬定名爲「中國與中國人」，因周氏反對，改稱「新中華」（見〈陸費伯鴻先生年譜〉），民國廿二年，出任中華民國駐日本留學生監督。回國以後，任國立暨南大學教授，歷兼系主任、院長及福建分校主任。抗戰中期，曾在重慶，一度主編《時代精神》月刊。上海淪敵，東南聯合大學籌備委員會成立，被任爲副主任。抗戰勝利，出任臺灣省立法商學院院長，兼國立臺灣大學法學院院長及人文

研究所所長。旋籌設臺灣銀行經濟研究室，專事研究臺灣經濟。（以上節錄自臺北中華書局《當代名人錄》）

## 追　念

我第一次聽到周憲文先生的名字，是一九七一年（大約是五月）上大學一年級「經濟學原理」時，吳克剛老師介紹剛出版的《臺灣經濟金融月刊》（七卷五期），說這一期是美國社會改革者，也是後人尊爲合作經濟學說之父的歐文（Robert Owen, 1771～1858）誕生兩百周年的紀念特刊。吳老師也大略說明了臺灣銀行經濟研究室的性質、出版品，以及周先生的事蹟，我好奇的去買了一本，趣味濃濃似懂非懂的看了一陣子，覺得很有親切感，至今還保留著。

從那時起，我從吳老師所談論的往事和人物中，多少也增加了對周先生的敬意。但當時才大學二、三年級，只當故事聽，沒懂得深刻的涵義。而那時一直保持高度興趣的，是周先生主持的臺銀經濟研究室，有系統的出版「經濟學名著翻譯叢書」。當時臺灣經濟學界的出版物尚不十分發達，古典經濟學的著作更是缺乏，那套叢書給我提供了另一個世界，和我同時代或更早期的人，也有許多人得惠於這些翻譯本，一九七二年周先生主編的《西洋經濟學者及其名著辭典》由臺銀出版，更是惠我良多。

大約是一九七四或一九七五年的冬季，我在唸研究所，常和吳老師以及他的老、中、青朋友到處登山談話，見聞增廣了不少。有一次，在當時的臺北公路東站等車往七星山，吳老師介紹一位手拿杖子理平頭笑容滿面的老先生，說這位就是周先生，因爲同時也介紹他給其他人，我就在致意之後，站在一邊「端詳」起這位久仰的人物，第一印象是相當豪放，但健康狀況不頂好。

吳老師平日注重營養、保健、運動，說周先生肉類吃太多，蔬菜吃太少；在書桌和牌桌上的時間太長，陽光太少，以後應多出來和我們到處走走。周先生從褲袋中拿出他的「萬步錶」，說他規定自己每天行萬步、（譯）寫兩張稿紙（一千字），若當天沒寫完預定的字數，第二天一定補足，這樣生活就規律了，我聽了覺得他很有意思。

那次七星山之行，開始時聽他們大人談天說地，中外古今，興味盎然，到了中午吃過東西，風和日麗，大家休息，周先生把席子一攤，不久就呼出聲音，眞令人羨慕有這麼好睡。下午續行，也稍熟悉，請教他一些問題，他的心情不錯，告訴我他正在譯 H. Faulkner 著的《美國經濟史》（第八版），我正好也知道臺灣有幾本類似的書，他有點興趣，就談得更多了。

那時他已經開始大量寫作世界名人年譜（以經濟學人爲主），有一次他正在寫法國文學家福樓拜（Gustave Flaubert, 1832~1881）的年譜，有些材料和文字上的問題找吳老師幫忙，吳老師知道我那時法文正學得熱中，對這些事也感興趣，就要我出了一點力。

後來我去服兵役，也就少連絡，一九七九年十一月，我在赴法前夕和吳老師約好一起去看他，我先到了他金山街的住家，他引我去看他的書房，書籍文具稿紙滿屋子，報紙也是攤了一地，他笑笑的說他太懶散，我倒覺得他是個有意思的人。他指著一批他在臺灣出版過的書，有編的有寫的有譯的，這些我已略知，然後他送我好幾本新出的書，題了字署名送我，祝我「鵬程萬里」，「赴法研究經濟史敬贈留念」，我很寶貝的致謝收下了。

我拿出一本在舊書攤上買到的《世界經濟學說要義》（一九三九），那是他在抗戰期間的著作，若他手邊沒有，我想「物歸原主」，他說他正好有，我就當紀念品留著了。不久，吳老師到了，談了一會，我抱著一堆他送我的書，一起坐計程車去當時在頂好市場的「陶然亭」，周先生請我們吃北平菜，席間又增長了些知識，才更知道梁啟超所說「耳食」之學的重要性。

一九七九年底我先到巴黎的「高等社會科學研究院」，之後又去了比利時的新魯汶大學，和周先生通了幾次信，其中代他找了幾本關於猶太人經濟活動史的書，這段經過他記載於《西洋經濟史論集》（第一輯）〈猶太人的經濟繁榮時代〉文首，周先生的書中，常見對這類「不足掛齒」的購書，花篇幅記載說明，我想這是他一向態度明確的作風。

一九八二年夏，我回臺和吳老師請他吃素食，兩年多未見，他們都沒有明顯的改變，那次沒談太多，不久我又回比利時去了。一九八五年元月，我到新竹工作，在臺北的時間少，將近過了一年，才從吳老師處知道他中風住進中華開放醫院已約半年了，我們去看他時，他上半身還好，神智清楚能和人談話，但鄉音加上躺著說話，有些細節我們不太明白，因爲也有周先生往日的朋友同事在，我們也未久留，之後，又過了一整年都沒再去打擾，向醫院打聽，說已回家療養。我那時想，可惜周先生的文字活動大概就這麼的結束了，他的《西洋經濟史論集》（第五輯）已經進行了四十二篇，但仍未校印，這恐怕也是他掛在心上的一件事吧。一九八七年元月，我正好有一小段空檔，想到周先生這一生的文字工作相當豐富，尤其來臺之後對臺灣文獻的苦心，實在值得後人感激，所以就整理出一篇文稿，留在箱內等以後再改。

今（一九九〇）年元月中，聽到周先生去世的消息（一九八九年五月廿三日病逝），聯想到最近兩三年來臺灣研究成了熱門對象，而周先生的功勞卻被低估或甚至被忽略了，所以重新整理前稿，以紀念周憲文先生對臺灣研究文獻的保存之功，以及他對經濟學名著翻譯的貢獻。

## 貢獻

經濟學界和歷史學界的莘莘學子與研究人員，最感激周先生的，是他來臺之後在臺灣銀行經濟研究室編印的出版物，對經濟學相關科系的讀者，最有用的當然是「經濟學名著翻譯叢書」、《臺銀季刊》、「臺灣研究叢刊」，其他當然還有許多資料性或專業性的叢書，如「銀行研究叢刊」等等，不在此列舉；歷史學界則受益「臺灣文獻叢刊」不少。這些刊物的創辦過程，在周先生的文集《稻粱集》中所錄的〈匆匆二十四年〉已有詳細記載，以下錄述部分來說明他的原旨以及所受到的困挫。

臺銀經研室（初名金融研究室，一九四六年成立）以及上述的那些刊物，都是周先生「一手造成」，在他二十多年的任內，該室的「工作範圍，只有延伸，而主旨未變；此一堅持，良非易事」。他有兩個主要方針：「第一，我們的研究，必須完全科學的。所以對於一切宣傳性、一時性的應付工作，我們不能浪費寶貴的時間與僅有的人力。我們的研究，是偏於學術性的，並求儘量提高學術的水準。第二，我們也因受上述人力與時間的限制，所以不能不把我們的工作目標縮小在『臺灣經濟』這一範圍以內。那就是，我們的研究對象，限於經濟；我們的研究地區，限於臺灣。」（《稻粱集》，頁一九九）。

他碰到的困難，除了事務上的之外，還有政策上的，其中以「臺灣文獻叢刊」的編印最明顯。該叢刊自一九五七年八月開始出版，一九七二年十二月停刊，共帶三〇九種計五九五册。他的宗旨是：「印行『臺灣文獻叢刊』，拿清代有關臺灣的私人著述（特別是未經印行的抄本）彙編問世。這一工作，對於臺灣研究者，毫無疑義，有其必要，至其內容，不僅包括臺灣內涵之歷史、地理、文物、風俗、人情，而且外延至直接與臺灣有關的史地背景，特別著重鄭成功光復臺灣故事；近且擴展到明崇禎朝以及南明史事。論其體裁，則上自唐、宋、元、明時期之文，下逮日據時期之作，舉凡詔諭、方志、奏議、紀事、書牘、日記、碑傳、文集、詩詞及雜著，無所不包，其中不乏所謂『孤本』，史料價值極高。」

他的困擾是：「以一銀行印行此一叢刊，不無踰越之感；所以當初頗受責難，指爲『浪費公帑』，幾乎『朝不保夕』，去年責難又起，今年則更厲害，嚴令停止，不復通融，至於本叢刊在中國文化史上，特別是在中國文化史上的價值如何？這當留待社會人士的公斷。如其果爲『浪費公帑』（這是本叢刊經常所受的責難），則我個人應負完全責任，絕不推諉。」

(《稻粱集》，頁二〇六～二〇八、九三二)。

在「經濟學名著翻譯叢書」方面，他的主旨是：「試以經濟學為例，凡是『現代的國家』，每一外國名著，總有幾種譯本。但是，我們到那裏去買 Smith 的《國富論》？何處去找Ricardo的《經濟學》及《賦稅原理》？誰曾譯過 Marshall 的《經濟學原理》？我想有兩件事，是不能不做的。一是各種名著的翻譯，有系統地翻譯；一是各科辭典的編輯，有計畫的編輯。不此之圖，空談文化，勢必是離開時代，『隨日而遠』。想不到的，一九六〇年(四十九年)七月，尹仲容先生出任臺灣銀行的董事長。由於他的重視而且眞正懂得研究工作，我們提出了翻譯經濟學名著的計畫，豈止『片言立決』，而且破格提高了翻譯的報酬。至於譯本的選擇，則不論古今，即不論是幾百年前的舊書，或是最近的新書，但須具有所謂『畫時代』的意義。翻譯工作的進行，係逐年提出計畫。譯書的範圍，目前尚限於經濟理論方面，正逐漸向經濟史與經濟學史方面發展。」(《稻粱集》，頁二〇九～二一〇、二一一)。

當時臺灣的經濟情況並不很好，有人批評說周先生浪費公帑，竟花大本錢去翻譯老骨董，現在幾十年過了，大家更可看出他當時的見識。另一點，是他的初旨是以「名著」為主，但後來(他離任後)竟然連有「統計學概論」這類的「名著」也收了進去！嚴格的說，後來的包容性寬廣了，其中也不乏純是大專教科書。而另有某些名著已由某人約譯，但幾十年下來仍未見蹤影，聽說若已有人先登記，別人就不好重譯，這倒不完全合理。另一本值得一提的，是周先生主編的《西洋經濟學者及其名著辭典》（一九七二年），我所知道的中外經濟學辭典，或以領域（個體、總體、財政等等）爲主，或以名詞，或以人物來編，周先生的構想倒是新穎：以人物及其著作爲主。此外，還附書名索引，全書共一一六六頁，約一二〇萬字。他約集了臺灣的四十六位學者，介紹了四七五位世界名經濟學者的著作六四四本，其中最早的一位，生於一四八三年，最早出版的名著是一五二四年，另附照片共一七六幅，在品質方面他說：「部分條文，確是『擲地有聲』，衡諸國際標準，絕無遜色。」另一項意義是：「四十年前，我出校門，進中華，當編輯，主編過一本《經濟學辭典》，四十年後，我退休，再編《西洋經濟學者及其名著辭典》，也是人生之一巧遇。」

## 綜　觀

以上所述，是他的「公務」，現在看他來臺後的個人工作，可分兩類。一是著述：主要的有《稻粱集》、《臺灣經濟史》、《中外學人年譜集刊》，其他有些書如《農醫與工醫》等，詳見下文中的資料，不另詳說。二是翻譯，可分兩種：一是在「經濟學名著翻譯叢書」的廿一本翻譯；二是《西洋經濟史論集》相關的五册編譯。以下綜述他來臺灣之後的主要著述：

一、《稻粱集》，上下兩册，內分〈雜文篇〉、〈序跋篇〉、〈譯述篇〉。他的〈自序〉中說：「少好塗抹，積習難改；自來臺灣，二十餘年；約略估計，復數百萬言；災梨禍棗，一無是處。現在年近古稀，轉瞬就要『退休』；因以歷年舊稿（除已印單行本者外），彙編印行，告一段落。題曰『稻粱集』，非謂本書有何可取之處，乃謂此集之作，全為『稻粱謀』。」

二、《臺灣經濟史》（編著）。這本書收集他過去編寫有關臺灣經濟活動的文字，從臺灣的原始發展到荷蘭、明鄭、滿清、到日據結束為止。他從日、外文相關的史料中，編寫有關臺灣經濟方面的記載。在資料上，對想研究臺灣經濟過程的人，提供了初步的構圖與有用的資料。

三、《中外學人年譜集刊》。這是周先生多年來寫作的年譜（包括從前已出過單行本的部分），共約一八〇篇，集成五册。嚴格的說，是簡譜短篇之作，提供許多可查詢的便利。

四、《經濟學名著翻譯》。前後共廿一本，早期以古典經濟學著作為主，如亞當·史密斯的《國富論》、馬爾薩斯的《人口論》等，後期則轉入一般經濟史、各國經濟史（英、美、日、印尼等），以及其他（見書目部分）。其中最重要的當然是《國富論》（下册由張漢裕先生譯），這個譯本，到一九八一年時，已到六刷，可見並非完全沒有讀者，也不完全「浪費公帑」。從這廿一本的譯序中，也有些他個人的感懷與心境之記載。

五、《西洋經濟史論集》（一九八二年起第一輯，一九八七年第五輯，除第五輯未完成，約有七百頁之外，每輯約九百頁）。他在每篇文後都注明係譯或改寫自某學人的文章，但卻都沒說明該文的原名及出處。我想很可能是採自日本岩波書店的「西洋經濟史講座」（五册），但似乎他也自己加入了一些材料，如上文提過的第一輯中〈猶太人的經濟繁榮時代〉，似乎是他的主意。另有一本，是他據岩波書店的「西洋經濟史講座」第五册《史料、文獻解題》抄譯、删除不適（主要是避開馬克思之類的）之處，名爲《西洋經濟史史料及文獻題解》。本書提供不少重要的書目及其要點，但多較屬於古典的書刊，目前臺灣能直接由本書受惠的恐怕不多，我們的學術社團對這個領域還太陌生。

## 結語

周先生在學術上的工作，似乎可以說是以「基礎文獻」爲其主要貢獻：包括翻譯名著，編印史料、經濟學人及名著辭典。來臺後較少從事學術專題研究，他在「年譜」方面的投入，也是以資料的目標爲主。他可以說是一位學術研究的舖路者，從他的本行經濟學做起，旁支到與臺灣相關的歷史文獻，給臺灣「華路藍縷」的學術環境，長久、辛苦的舖上一條起飛前所需的小跑道。

一九九〇・五・廿五《中國論壇》，三〇卷四期

## 附錄：周憲文先生著譯書目表

以下所輯周先生著譯書目，分大陸時期與臺灣時期兩個階段，前者資料較不齊全，掛漏在所難免，後者相對的較完整，若有不確處，請指正以供補充。

### 壹、大陸時期

下列資料得自周先生編著《世界經濟學說要義》（一九三九），有些無法看出是譯或著，且大多數出版的年分不明。

1. 《經濟學辭典》，中華書局（一九三七）。
2. 《經濟本質論》，商務印書館。

3. 《社會政策新原理》，中華書局。
4. 《商業概論》，中華書局。
5. 《經濟政策綱要》，中華書局（一九三六）。
6. 《社會政策論》，新生命書局。
7. 《蘇俄五年計畫概論》，中華書局。
8. 《社會問題與社會政策》，中華書局。
9. 《日本社會經濟發達史》，民智書局。
10. 《東北與日本》，中華書局。
11. 《資本主義與統制經濟》，中華書局。
12. 《經濟思想史》，中華書局。
13. 《世界經濟學說要義》，中華書局（一九三九）。
14. 《論人事》（雜文），中華書局（一九四八）。
15. 《論貧富》（雜文），中華書局（一九四八）。

## 貳、臺灣時期

一、文集

1.《橘逾淮集》，兩册，中華書局，一九六四、一九六五年，各收雜文十、十五篇。

2.《季明成仁詩詞鈔》，開明書店，一九六九年，內係就平日所錄季明先烈慷慨赴義的詩詞。

3.《臺灣文獻叢刊序跋彙錄》，中華書局，一九七一年，「一四年來，臺灣銀行經濟研究室共計印行臺灣文獻叢刊二九三種、五六五册、八千餘面，凡四、八一〇萬字，同人決定拿十四年來我們所寫的弁言及後記集印。」

4.《稻粱集》，兩册，中華書局，一九七二年，內收來臺後二十多年的文字，分〈雜文篇〉、〈序跋篇〉、〈譯述篇〉，共一五五七頁。

5.《農醫與工醫》，新年代出版社，一九七七年，內收短雜文十四篇。

6.《論拜金主義》，新年代出版社，一九七八年，內收短雜文十四篇。

7.《中外學人年譜集刊》，中國論壇社，一九八六年，內收歷年出版的一八〇位中外學人年譜（一部分曾出版過單行本），分五册。

二、經濟學方面（譯著）

1.《經濟學》，正中書局，一九四六年。

2. 《均衡財政》，池田勇人著，正中書局，一九五四年。

3. 《高商商學概論》，兩冊（教科書），開明書店，一九五五年。

4. 《高商經濟學》，兩冊（教科書），正中書局，一九五六年。

5. 《臺灣經濟史概說》，東嘉生著，臺灣銀行：「臺灣研究叢刊」第三二種：《臺灣經濟史二集》，一九五四年。周先生記曰：「東嘉生著《臺灣經濟史概說》，全文凡十一萬言，經節譯（認有問題之處乃經刪略）合刊於臺灣銀行經濟研究室出版的臺灣研究叢刊第三二種臺灣經濟史二集；誰知多年以後，『直截了當』，原文竟成『禁書』；拙譯雖經刪略，亦不便於集載。」

6. 《日本帝國主義下之臺灣》，矢內原忠雄著，臺灣銀行：「臺灣研究叢刊」第三九種，一九五六年，帕米爾書店一九八五年重印。

7. 《清代臺灣經濟史》，臺銀「臺灣研究叢刊」第四五種，一九五七年，這是他的《臺灣經濟史》的第五篇。

8. 《日據時代臺灣經濟史》，兩冊，臺銀「臺灣研究叢刊」第五九種，是他的《臺灣經濟史》的第六篇。

9. 《臺灣經濟史》，編著，開明書店，一九八○年，內分：〈緒論〉、〈原始時代〉、

〈荷據時代〉、〈明鄭時代〉、〈清朝時代〉、〈日據時代〉等六篇，共一〇四八頁。

三、在臺銀經研室「經濟學名著翻譯叢書」出版的譯書（書名下的數字，表示該書在叢書內的編號，最後是中文版的年分）。

1. 《國富論》（二），兩册，Adam Smith 著，一九六四年，張漢裕先生譯下册。
2. 《經濟學原理》（六），兩册，J.S. Mill 著，兩册，一九六六年。
3. 《人口論》（一一），兩册，T. R. Malthus 著，一九六七年。
4. 《經濟學綱要》（一九），J.S. Mill 著，一九六八年。
5. 《交易論》（二九），N. Barbon 與 S.D. North 合著，一九六八年。
6. 《社會新論》（三九），Robert Owen 著，一九六九年。
7. 《經濟科學綱要》（四四），Nassau W. Senior 著，一九六九年。
8. 《十八世紀產業革命史》（四九），A. Toynbee 著，一九七〇年。
9. 《政治算術》（五六），W. Petty 著，一九七〇年。
10. 《十九世紀產業革命史》（六一），L. C. A. Knowles 著，一九七一年。
11. 《集體行動經濟學》（六四），J. R. Commons 著，一九七一年。

12.《重商主義論》（六六），Thomas Mun 著，一九七一年。

13.《經濟學原理》（七六），兩册，Edwin Seligman 著，一九七三年。

14.《政治經濟國防講義》（七八），Adam Smith 著，一九七三年。

15.《戰後西歐經濟史》（八九），M. M. Postan 著，一九七五年。

16.《十八世紀的產業革命》（九九），Paul Mantoux 著，一九七六年。

17.《英國近代經濟史》（一〇九），W. H. Court 著，一九七七年。

18.《美國經濟史》（一一八），兩册，H. Faulkner 著，一九七七年。

19.《印尼經濟史》（一三二），J. S. Furnivall 著，一九七九年。

20.《經濟思想史》（一五四），Lewis Haney 著，一九八二年。

21.《戰後日本經濟史》（一六二），H. Patrick 與 H. Rosovsky 合著，一九八四年。

四、由臺銀經研室出版，不編列叢書系列部分

1.《西洋經濟學者及其名著辭典》（一九七二年），主編，內介紹四七五位世界經濟學者的六四四本著作，由臺灣四十六位學者執筆，共一一六六頁。

2.《西洋經濟史料及文獻題解》（一九七四年），抄譯自日本岩波書店「西洋經濟史講

座」第五冊《史料、文獻題解》，有刪節。

3.《西洋經濟史論集》一至五輯（一九八二、八四、八五、八六、八七年），編譯，可能編譯自上一項的「西洋經濟史講座」。

**後記**：周先生的舊屬吳幅員先生有兩篇相當完整的追記文章，刊在《臺灣經濟金融月刊》一九八九·十一（二五卷一一期）、一九九〇·五（二六卷六期）。

# 臺靜農印象記

臺靜農先生（一九〇二・十一・廿三～一九九〇・十一・九）的名聲我當然早就耳聞了，但那只是一個很模糊的公眾名字，大概還是透過他的學生林文月教授的文章，以及那一輩親炙臺先生的人士的文章才略有所聞的吧。

眞正接觸到他的文字，是一九八五年到清華教書不久，那時剛發行不久的《聯合月刊》介紹了他幾篇從前未流通的短文，我才去找到了遠景公司出版的《臺靜農小說選》，之後才對他的風格以及他的傳聞，還有他和魯迅的關係有更進一步的知曉。

在這段期間，我也看到有不少書的封面是臺先生題字的，甚至是到了很普遍的樣了，連清華大學人文社會學院的標題字也是請他寫的。一九八七年臺北的中央圖書館新館落成，內部掛了許多字畫，其中臺先生的一幅字也在內，我覺得是最吸引我的幾幅之一。他的字有獨特風格，我這外行人說得不貼切，但有一點可確定的是，半外行的人一看就知道是他的字體。

一九八九年三月，我大學時期的老師吳克剛教授打算回上海定居。我一向聽他談起臺先生的事，知道臺先生比吳老師晚一年到臺灣（分別為一九四五、一九四六年），他們住在溫州街時是鄰居。吳老師住的地方就是後來俞大維長住的公館，其中的緣委大致如下：傅斯年校長病故之後，臺大總務長向吳老師（時任臺大圖書館長及經濟系主任）商量，讓傅夫人（俞大綵）搬入吳老師較寬的宿舍，然後總務長的宿舍讓吳老師。所以巴金在一九四七（？）年來臺灣住一個月時，就是住在俞大維現住的房子，和臺先生有一段往來，臺先生對我們說：「那時匆匆忙忙，也沒有和他（巴金）很來往。」

臺先生和吳老師另外有個共同的「朋友」魯迅。臺先生和魯迅的關係密切，文風相傳，這是天下皆知之事。一九八九年三月廿六日下午我陪吳老師去看他時，談了半個多小時，其間我問他說，我在魯迅全集（十冊）的書信兩冊中，見到不少魯迅寫給您的信，這是怎麼個收集到的。那時正好有客按鈴，他開門後安頓客人在客廳坐妥，急切的走回他的書房對我說：「那是魯迅逝後，我把信件交還了他的家人。」他還說光復不久時，魯迅全集還可以在書店買到，後來才禁了。

吳老師和魯迅的關係是更早了。一九一一年俄國的著名盲詩人愛羅先珂從東京轉到上海，吳老師那時是個中學生，正在學世界語（臺先生也學過），對安那琪主義（無政府主義）有相當的興趣，所以一路陪愛羅先珂上北京，一起和魯迅家族住在一起。這一段故事已有不少文獻記載。後來魯迅去世時，有不少人寫了悼念文，吳克剛就是其中之一（〈憶魯迅並及「愛羅先珂」〉，《中流半月刊》，一九三六年一卷五期，三二四～三二五）。

因爲吳、臺兩老和魯迅的關係，所以兩人的距離自然拉近，加上住在鄰近，兩家人相往來。那天下午也談了兩家子女、友人的事，包括談到黎烈文教授的夫人在上海勞動大學讀書時，吳老師正在那裏教書，所以兩家人都相熟識。我也聽說臺先生在臺大的安全資料，到了他晚年才被撤走，他的安全感很受打擊，甚至在一九八七年解嚴之後，他還勸吳克剛所寫論陳儀的文章不要發表。

那天下午臺北細雨不斷，我們按了好幾下門鈴才開，院子裏有兩個水缸，養了一些荷花，印象中是相當的詩意，院子邊停了一輛新的三陽喜美一六V汽車。整個的感覺是房子相當的寬，是舊式的日本宿舍。他引我們進了玄關，在他書房坐下，進房倒了兩杯水。我看他走路相當快，而他一直說腿不行了，不敢一人走到外面，加上腦部開刀後更是怕出外見人應酬，他說多見了幾個人就受不了。他說他也沒體力回大陸去看了，那邊也沒什麼人可代問候的，只有一個親弟，也八十多了，他只希望能有人把他母親骨灰帶回大陸去，而他自己就

「老死於此地了」。

他的聲音相當的清楚宏厚，笑起來仍然豪爽，牙齒都還是「原裝貨」，眞讓我們不好意思。他說他八十八了，也不喜歡到處走動，成天在家裏「東摸摸西索索」的，他又說最近有書在聯經公司排印，是他的學術論文集，約有五、六十萬個字（一九九〇年十一月初此書獲得金鼎獎）。

他的書房是我最想看的，託吳老師和他是老朋友的福，我的運氣不錯。我坐在他的書桌前，那是一張大書桌，前面用門板與牆相接的那種活動鐵片加裝了一塊木板，大概是要攤開來寫書法時用的。他身前常用的那一塊地方已經磨出木頭的原色，和旁邊漆過的書桌有很明顯的對比。坐椅身後有個桌櫃，看不清楚是什麼，上面有不少包好的東西，大概是一些收藏的字畫。我很好奇像他這樣注意書法藝術的人，在書房裏會掛哪些人的字。我特地注意的觀察了一下，看到一幅很有特色的字，是北京大學蔡元培校長寫的。

桌子前左方有一個大筆筒，各式各樣的毛筆倒立著，另成一格。旁邊有一張放大的彩色照片，他一個人坐在一邊，另一邊是兒孫的樣子，自然而且溫暖，相當好的一張照片。但眞正吸引我的，是一張黑白藝術照，他手持煙斗，噴出來的煙正好散布臉龐，伴著他莊嚴的書卷氣。

一九九一・六《清華經濟》

# 亦兄弟亦敵人

## ——年鑑學派兩位創辦人之間的情誼

大家都知道經濟上的合夥是一件不容易的事，管仲與鮑叔牙是特例；但生意上的共事卻又常是必要之事，幸好有民法與商事法來規範，糾紛與爭執較易有規範。而學術上的合夥，在穩定性方面會面臨更多的考驗，幾乎無規範性可言，合則聚不合則散。學術史上能夠長期合作共處共榮的例子不多，尤其是在「共榮」的階段。

馬克・布洛克（一八八六～一九四四）與路西安・費夫賀（Lucien Febvre, 1378～1956），同爲《年鑑學報》的創辦人（一九二九年），這兩位的友誼，時而爭執，時而互助，時而競爭，幾乎可以用「亦兄弟亦敵人」來形容。可惜較年輕的布洛克五十四歲就先去世了，否則年鑑學派在戰後的發展很有可能是另一番局面。因爲布洛克可能有更多原創性的著作問世，他在經濟史、社會史、心態史等多方面的影響力與深入的研究，會比較他長八歲的費夫賀更寬廣、更長久。而如果布洛克比費夫賀活得更久，或許費夫賀的大弟子布勞岱就不會那麼閃亮，法國歷史學界的變動也會有不同的景觀。當然，這些都是不必要的「歷史假如」，但這些假如也並非是無意義的變數。

第一次世界大戰法國勝利後，亞爾薩斯省最重要的史塔斯堡（Strasbourg）大學歸還法國。德國占領期間，把這個大學經營得非常好，尤其是在圖書與校園建設方面。戰後法國想讓這個大學成為這個邊陲省分的重要代表，同時兼具教育與政治宣傳的目的，因此投入許多人力與財力，從後來在學術上的成就來看，當時所吸收到的人才當中，有相當高的比例是非常優秀的。

布洛克是一九一九年到達該校，但不是以教員的名義入校，因為法國是在一九一八年十二月中旬接管該校，翌年元月十六日正式開學時，當時法籍的教職員人數還很少，有些教授還從其他地方借調而來，主管學校事務的尚包括當地駐軍代表在內。當時布洛克仍軍役在身，而且他自己對此大學也有興趣，所以就被派為上尉軍官駐在該校。一九一九年三月十三日除役之後，他辦好手續，正式離開戰前任教的中學（在 Amien 市），轉入史塔斯堡大學教法文，因為該地區受德國管轄甚久，當地的學生約有八百多人法文能力不足。他的博士論文指導教授 Christian Pfister（1857~1933）當時任文學院院長，推薦布洛克擔任中世史的講師（chargé de cours），一九一九年一〇月一日起生效，時年卅三歲。因戰事而拖延的博士論文《皇帝與農奴》，在那時期仍未完成。

當時史塔斯堡大學藏書豐富，尤其是德國所留下來豐富的歷史藏書與文物，對布洛克相當的有吸引力，因爲當時德國在中世史方面的研究領先各國。此外，他的指導教授也在此主持文學院，所以就文獻與人脈而言，對當時的布洛克是再好不過了。更有利的條件是，由於戰後人才少，布洛克被任命主持「中世史研究所」，有充裕的經費來擴充研究設備、期刊、書籍，出版學術刊物、聘請國外學者講學、舉辦研討會等等。其中重要的是，他因此與比利時的名中世史學者 Henri Pirenne 建立了交情，這不但影響了未來《年鑑學報》的方向，同時也在私人交情方面，與費夫賀三人結成長期互通聲曲的小團體。

比布洛克年長八歲的費夫賀，只比布洛克早五年進高等師範學院就讀（一八九九），他在該校內上過布洛克父親所教授的古代史課程。他們在求學年齡上的接近，使得彼此所接觸的知識圈與思想潮流也很類似。費夫賀在一九一一年（三十三歲）時，就以法國東南部一個省區（Franche-Comté）在菲利普二世時期的歷史、地理、經濟與社會爲題材，完成博士論文（布洛克則因遇到一九一四年的大戰而拖延到一九二〇年十二月才通過論文）。

## 布洛克與費夫賀生平對照

| 年代 | 布洛克 | 費夫賀 |
|---|---|---|
| 一八七八 | | 出生 |
| 一八八六 | 出生 | |
| 一八八九 | | 就讀高等師範學院 |
| 一九〇四 | 就讀高等師範學院 | |
| 一九一一 | | 完成博士論文，任教於Dijon大學文學院 |
| 一九一九 | 到史塔斯堡大學任中世史講師；結婚 | 聘爲史塔斯堡現代史終身職教授 |
| 一九二〇 | 完成博士論文《皇帝與農奴》 | |

| | | |
|---|---|---|
| 一九二二 | | 結婚 |
| 一九二三 | | 完成名著《土地與人文的演進》 |
| 一九二六 | | 申請巴黎大學講座，被拒 |
| 一九二八 | 首度申請法蘭西學院，失敗。《年鑑學報》創刊 | 出版《馬丁・路德》一書；申請法蘭西學院，失利 |
| 一九三三 | 二度申請法蘭西學院，失利 | 獲准進入法蘭西學院 |
| 一九三六 | 接受巴黎大學教職，舉家遷巴黎 | |
| 一九三九 | 前往布魯塞爾、劍橋大學講學 | 寫信要求布洛克與刊物斷決關係 |
| 一九四〇 | 出版《封建社會》；參加二次大戰，後法戰敗，出亡南部 | 《年鑑學報》停刊 |
| 一九四一 | 完成部分《史家的技藝》，並寄該稿予費夫賀保存 | |

| | | |
|---|---|---|
| 一九四二 | 加入地下抗德工作 | 《年鑑學報》改爲《社會史論叢》，不定期出刊 |
| 一九四四 | 六月十六日，在里昂被德軍捕獲槍決 | 九月，南下找尋布洛克消息 |
| ？ | | 整理布洛克遺作出版 |
| 一九五六 | | 逝世 |

取得學位之後，他在 Dijon 大學文學院教歷史學。一次大戰時與布洛克一樣前往參軍，兩人都因戰功從士官升到上尉。費夫賀率領機槍隊，受傷一次、獲四次勳章，得過軍中的榮譽騎士勳章（Légion d'honeur），可見這兩位都深富勇猛的戰鬪性格。

一九一九年十月，費夫賀因結識布洛克的論文指導教授 Pfister，被這位院長聘爲史塔斯堡現代史終身教職。他與布洛克的教職同一時間生效，但布洛克較年輕且論文尚未完成，只擔任講師職位。或許是因爲兩人的研究室相鄰，或許是因爲大學時代的共同背景，或許是兩人意氣相投，或許是兩人結婚育兒的時期也接近（布洛克在一九一九年結婚，生了六個子女；費夫賀是一九二一年四十三歲時結婚，生了三個小孩），所以兩個人在知識上、生活上、家庭上都有很密切的往來。但費夫賀一開始就很成功，口才好、知識足、觀點新穎，頗引人注目。所以費夫賀一直是居於兄長的地位，和上一輩的歷史學者也較有聯繫。

他們兩人也都覺得當時的歷史學界有待改革。費夫賀的興趣廣泛，改革的意願很熱烈，但他的寫作範圍則很少超越所鑽研的十六世紀之外；相對的，布洛克對新方法、新領域較有衝勁。在知識的傳承上，費夫賀較執著於地理史學的觀點，他的方法在當時可以說是新穎的，但他下半生都一直延用上半生既有的概念與工具；相對的，布洛克則較受涂爾幹一派社會學的啟發，對比較史學、社會團體、經濟現象等面向，都比費夫賀更積極的投入。而且，布洛克不僅是吸收其他社會科學的工具與概念，甚至轉而批評社會學缺乏歷史感。總而言之，費夫賀很鼓勵他的小老弟去研究《神蹟皇帝》、《法國農村的歷史特徵》等新領域；而他也需要布洛克來協助達成長久以來想要創辦刊物的願望，所以這是新史學新領域上的重要結合，同時也是日後兩人在史觀與詮釋理論長期爭執的開端。

他們兩位的知識養成教育，基本上是屬於一次大戰前的產物。他們的基本訓練著重於追求廣泛的文藝知識、多語言能力的培養、遵從笛卡爾式的邏輯論。但在學風上，他們兩人都共同反對流行於當時的描述性歷史學研究法，咸認為歷史的研究必須先提出一個有意義的問題，之後才運用史料來解答；同時，他們也指責當時歷史學界存在的一些盲點。

兩人的研究手法也有不同之處，費夫賀較少提出原創性的歷史問題，多在他人的缺點上提出修正，例如他對馬丁路德的研究，以及對無神論的駁斥；不像布洛克是去翻新或開發一個新領域。在取材上，費夫賀較少研讀原始檔案（尤其是在他的下半生），多半運用別人已整理出來的材料，加以批判分析。相對的，布洛克則是個「下田工作者」，在原始檔案與第一手資料方面掌握得非常深入。

就兩人初遇時的研究領域而言，費夫賀已完成前述的地區史研究（*Franche-Comté*, 1912），也大致完成了他的地理歷史學成名作《土地與人文的演進》（*La terre et l'évolution humaine*, 1922），同時開始從事心態史的研究，以宗教革命的代表人物爲題材（至一九二八年正式出版《馬丁・路德》）。布洛克這時則結束論文《皇帝與農奴》，轉而進入心態史的研究：《神蹟皇希》（研究中世紀英法兩國人相信被國王觸摸後可治癒粗脖子症的心態）。所以，這兩位在初識階段，是有意一起朝心態史的方向發展的。

此外，論出身與個性，兩位也是很好的搭檔。兩人的家庭背景同屬資產階級，品味、舉止、外貌都很類近。尤其有同樣思路清敏、口齒清晰、自信、有幹勁的個性，並對家庭的照顧也不遺餘力。

在學術態度上，兩個人都不是沙文主義式的愛國者，政治的傾向也不高。這卽說明爲何日後年鑑學派會排除政治、外交、軍事史的研究，而專注於當時較不爲人注意的社會史與經濟史。

但如果因爲上述關係就以爲兩人的情誼是和諧的，那就完全錯了。他們兩人時常爭吵，依據布勞岱在一九七八年回憶的說法：「費夫賀能好幾個小時只聽而不說半句話，然後隔天寫些很糟的信。布洛克則能完全承受，這是他的好品德。而費夫賀，據他們的通信看來，通常是以一種奇妙的方式輸了。」

據年鑑學派第三代中世史學家 Le Goff 的說法：「依我看，這兩位在性格上與氣質上很不相似。費夫賀是個熱情的激進知識分子，而布洛克是個激情而冷漠的理性主義者。我認爲，布洛克在歷史學家這行業上，以及他對史學的看法、知識上的內涵，是比費夫賀嚴謹得多。有人說，費夫賀是在說，他寫書跟說話一樣。而我的印象是，布洛克說話多少和寫書一樣。」以上的摘述大概足以描繪兩人之間在性格和專業上的異同了。這兩位在創辦《年鑑學報》初期的共同努力與所遭遇的挫折，相當的曲折也非常的有意思，但這是另一個題材的內容，在此先跳過這個重要的面向，談談兩人的私人關係。

兩人開始明顯競爭，是爲爭取巴黎教職。對研究人文社會學的學者而言，巴黎有二個吸引人的機構。第一是法蘭西學院（Collège de France），這是一五三〇年由當時的法皇創設的，共有六個講座，宗旨在增進人文的研究與「文藝復興的精神」。一九三〇年時，增加爲四十七個講座，每個講座有一位教授。這個學院沒有固定學生，不頒任何學位，由教授自由講學，但每年要更換講學題材，這也正是最具挑戰性之處，因爲整個學界都在注意這些講座的新方向與新題材。這是當時最崇高的講學機構，許多精英都想擠進這個終身的高職裏。

一九二八年法蘭西學院有個講座出缺，他們兩人都想申請，布洛克想申請比較歷史的講座，他說他是當時法國唯一眞正從事這個研究的人，而費夫賀則想申請現代史講座。同時的競爭者達十多人，布洛克爲了避免投票者（在職的講座教授）在他們兩人之間產生選擇的困難，當即撤回申請，禮讓較年長、較有聲譽的費夫賀競選，此時費夫賀已經五十歲了。

費夫賀在一九二六年時曾經申請進入巴黎大學（它的影響力次於法蘭西學院，可算是第二志願），但被否決了。他改試第三志願的高等實用研究院，但因薪資不够一家人在巴黎開銷而未就任。一九二八年首次申請入法蘭西學院，結果失利，遂轉向專注於研究工作與籌辦《年鑑學報》。一九二九年再度申請，又失敗，一九三二年再失利，有一次還被迫撤回。終於，四年之後，一九三三年元月八日，他獲得全票通過，時年五十五歲。他對布洛克說：「您會跟進來的。」然而，命運才開始要捉弄布洛克呢！

布洛克在一九三三年時四十七歲，急切的想進法蘭西學院，連巴黎大學都不想去。可是當時的學術氣氛對他並不利。一因競爭者眾，二因他在史塔斯堡大學的同事中已有數人當選，法蘭西學院內部不願見到出身該校的人自成集團，三是他的猶太身分，當時納粹勢力已掌握柏林，法國境內反猶太的氣息已逐漸浮現。

這些逆境使得布洛克的研究工作大受影響，他的腿患了慢性風濕，手又幾乎痲痺不能工作，家庭的負擔日重（兒女漸長，只靠他一人收入），《年鑑學報》的工作負擔、發行上的困難、研究工作的不順遂，都給他帶來沉重的壓力。從一九三三年起，布洛克開始了他不如意的下半生。可是他仍未忘懷法蘭西學院，一九三三年十二月，有一位講座教授過世，有缺可補，這次他改申請「歐洲社會比較史」講座，當時只有一個競爭者，是個考古學家，是他在史塔斯堡大學的同事，也是《年鑑學報》的投稿者。

那時，納粹主義在西歐逐漸擴散，自己前途未卜，而他的「同志」費夫賀卻風光不已：住在巴黎市內的高級住宅區，主辦《年鑑學報》，主編《法蘭西百科全書》，參加《綜合史學評論》（*Revue de synthèse*），主持近代史學會。在多重的負擔下，費夫賀疏忽《年鑑學報》，出刊屢見脫期，大部分工作落在布洛克身上。布洛克指責費夫賀愈來愈帶政治氣息，對自己的刊物愈來愈漠視，兩人因而常起爭執，雙方都不願獨自承擔編務，但又不願讓刊物中止。

正當法蘭西學院要舉辦申請者說明會議時，布洛克的一位主要支持者病逝了，會議被迫延後兩個月。布洛克最不滿的是，費夫賀的作爲太消極；但他仍強求費夫賀支持他。更糟的是，在這期間法國政府削減法蘭西學院預算一○%（一九三四年四月），這麼一來，這兩個候選人都無望了。史塔斯堡氣候濕冷，對布洛克風濕病不利，大學的預算被削、教授流失、內部不和、士氣低落，他的心情眞是受到很大的壓抑，再加上經營非常辛苦而又不願放棄的《年鑑學報》，令布洛克又病又累又灰心。

一九三四年秋季，法蘭西學院前述的講座缺再度接受申請，現在的競爭者又多了兩位，都是和他同一大學的同事，其中一位是費夫賀的老朋友。最後，共有五個候選人爭一個講座。開票結果第一名得廿二票，第二名十九票，布洛克得一票，敗得相當沒面子，這件事很傷他的自尊，只好考慮第二個志願：巴黎大學。

在他考慮進入巴黎大學經濟史講座時，法蘭西學院又有出缺了。他當時與費夫賀的關係已出現明顯的裂痕，他不敢期望能進入法蘭西學院，最後決定選擇巴黎大學。更氣人的結果是，和他爭巴黎大學職位失敗的對手，竟然被選進了法蘭西學院。費夫賀爲布洛克大抱不平，認爲布洛克怎麼說也不比另一位差，可是布洛克已經心冷了，他接受巴黎大學的職位，舉家遷回巴黎，時年五十歲（一九三六）。待定居後心情較平靜，布洛克出版他進行已久的重要著作《封建社會》上下兩冊（一九三九～一九四〇）。但他和費夫賀之間已因法蘭西學院之事，以及對《年鑑學報》的諸多事項，產生隔閡。

《封建社會》是布洛克的主要代表作之一，直到今日仍是此領域內的經典著作。但剛出版時，並未有多大的迴響，同行的反應也不很好，但批評還不算激烈。主要的評論是費夫賀寫的，發表在他們自己的《年鑑學報》上（一九四〇年元月號），他批評此書在內容上的分類過於獨斷，格局機械性，缺少作者自己的見解。布洛克則在下一期《年鑑學報》答覆這篇書評，兩人亦敵亦友的關係已很明顯了。反之，國外的反應較好，比利時、德國的書評也不錯。該書並在戰後英美中世史學界內，得到相當高的重新評價，陸續出現幾篇重要的書評。

雖然《封建社會》的出版，平穩了布洛克的專業信心，另一方面他的職位也已經確定不動了，但他和費夫賀之間對《年鑑學報》的爭執仍未平息，甚至愈演愈烈。費夫賀想改變期刊的名稱、路線、編輯委員、職員，他引進新的人員，並把原名爲《社會經濟史年鑑》的刊物改名爲《社會史年鑑》（*Annales d'Histoire Sociale*）。因爲費夫賀據有法蘭西學院的終身職，這是個很有利的位置，同時主編非常重要的《法蘭西百科全書》，布洛克對自己所創辦的刊物，在決定權上與情勢上只有屈居下風。

不久機會又來了，高等師範學院的校長，同時也是法蘭西學院講座教授即將退休，布洛克探問費夫賀對自己申請該學院的可能性，費夫賀明示說，他想支持另一個人，所以不贊成布洛克再度申請。因爲他認爲，於私，布洛克「沒彈性」的脾氣可能會引起反彈；於公，他認爲有人會說布洛克野心過大，加上當時反猶太的氣氛愈來愈明顯。因此他擔心布洛克若再申請將有損自己的尊嚴。布洛克仍遲疑不決，他很不同意費夫賀的說法，布洛克也因此變得愈來愈孤單。

一九三九年德法已開戰，同年三月正是布洛克較風光的時候，他前往布魯塞爾、劍橋大學講學旅行。在劍橋時他接到史塔斯堡地區後備軍人召集令，急忙返國。隨著戰事吃緊，他轉往中南部休假，八月收到第三次召集動員令，只有離開巴黎參軍，時年五十四歲，參加他個人的第二次世界大戰。可是德法開戰不到一個月，法軍大潰，德國占領巴黎與一大部分的法國領土。法國分成淪陷與自由兩區，另在維琪成立戰時政府。布洛克隨軍流亡，後來部隊也散了，他接了家人前往中南部和流亡的史塔斯堡大學會合，重新投入教學和研究工作。但因圖書失散，學生對歷史的興趣也不如從前，所以他更受到壓抑。此外，老母病弱，家庭人口眾多，自己的健康又不很好，窘困之狀不想可知。

因爲布洛克出亡，《年鑑學報》只有靠費夫賀獨力支撐（因他已超過六十歲，免役）。

一九四〇年春，布洛克的生活暫獲平靜，他寫信給費夫賀談刊物的事，當時德軍正有計畫的沒收猶太人資產，布洛克在巴黎的圖書也被搜走（戰後找回了一部分）。費夫賀認爲，如果他們的刊物上出現猶太人的名字，很可能會惹麻煩被迫停刊。布洛克非常不滿這樣的想法，透過信件和費夫賀往返激烈的爭執了一個多月，這些信件現在都收藏在法國的國家檔案局內，只要經過布洛克的長子簽字同意就可查閱。

這是他們第三次的大爭吵，也是最激烈的一次。費夫賀在一九四〇年復活節時，寫信要求布洛克與刊物斷絕關係，讓出位置，全權移轉給他，布洛克當然拒絕。但他也明白如果他的名字還出現在刊物上，刊物可能會被查禁，而且納粹也很容易沿線追捕到他。但他又不甘心就此退讓，這種內心的掙扎，很容易勾起他的新仇舊恨。

兩人在信件上的措辭愈來愈尖銳，最激烈時，費夫賀還指責布洛克的想法是背叛「我的國家」。這已明白說明：法國不是布洛克這猶太人的國家。後來費夫賀緩和了一些，轉而稱讚布洛克的責任感、識大體、過去的英勇愛國行爲，並且答應恢復布洛克在刊物上的實際角色，但布洛克必須承諾不具名。布洛克也明白時局的壓力，此外他也需要靠費夫賀去保護他在巴黎的住所與圖書，最後終於屈從在費夫賀的政治手腕之下。

《年鑑學報》在一九四一年因發行困難，短暫停刊，一九四二年八月中復刊，改名爲

《社會史論報》(*Mélanges d'Histoire Sociale*)，以不定期的方式出版，以逃避占領軍的管制。在這段最困難的時期，布洛克給「自己的刊物」寫了幾篇重要的文章，以及廿三篇書評。但他也常抱怨沒看到校稿就付印了，費夫賀不甘被批評，兩人在信件上又爭吵起來，最後還是布洛克以居劣勢而讓步了，否則刊物根本撐不下去。

其實，布洛克在智識上還是很倚重他的長期合夥人。爭吵歸爭吵，兩人還是時常交換正在進行的研究題材與要點。布洛克的史學方法論著《史家的技藝》在一九四一年完成一大部分初稿之後，擔心戰局不穩，就送了一份複本給費夫賀保存，同時還寫了一段話致費夫賀，並當作此書的獻辭：

> 在我個人以及社會全體最痛苦與最焦慮的狀態下，我現在需要一些心靈上的平衡，需要一點簡單的解毒劑。如果這本書將來會出版的話，它不會成爲一本眞正的著作，但我希望它會被人閱讀。親愛的朋友，我給這本書取的名字和您所取的不相同，這您在扉頁上可以看到。從那頁上的名字裏，我可以回想起非常深刻的溫馨感覺，以及您那難以言喻的過度犧牲與容忍。就您這方面而言，我實在不甘心於只在偶然的情況下，才得到您的一些信息。長久以來，我們並肩奮戰，希望能建立更寬廣更人性的歷史。

這項共同的任務，在我執筆寫此信時，遭到了相當的威脅，而這並非我們的錯。我們是在不公道的命運之下，成爲暫時的被征服者。我確信那個時刻將會來到，屆時我們的合作將可眞正的重新再出發，能像過去一樣的公開，也能像過去一樣的可以自由活動。而在等待的時刻裏，在這些稿件內到處都可見到您的影子，陪伴在我身旁，而且還會繼續陪伴下去。這種陪伴，隨著我們熱情有益的討論而形成不同的表面律動。有些想法，除了我自己想要堅護之外，您也給了我相當肯定的支持。許多事，老實說，我仍無法分清是您的或是我的，或是我們兩人的想法。有時候我相當自許，這您也時常同意；但有時候您也會申斥我，這些都會使我們之間的聯繫更爲深刻。

一九四二年下半年起，布洛克五十六歲，他失業，母親病逝，兩個大兒子流亡國外，幼年子女托人看管，自己加入了地下抗德工作，還當了里昂地區一個地下組織的區域代表。有時候他因公潛往巴黎召開地下工作聯繫會議，有好幾次還在費夫賀家過夜，這對費夫賀總是有點風險，但在這方面他們兩人是相互信任的。

一九四四年三月八日布洛克在里昂被納粹捕獲，費夫賀得到消息，他希望布洛克被送到德國，生還機會可能較大；他同時也把布洛克被捕的消息向巴黎知識圈散佈。過了幾個月，他聽說布洛克已在六月十六日被槍決，但仍不敢確信其事。九月三日美軍收復里昂，費夫賀獨自南下找尋布洛克失踪的消息，直到十一月初，布洛克身亡的消息與遺物才獲證實。

費夫賀戰後整理了好幾項布洛克的遺著出版，其中最重要的就是《史家的技藝》。費夫賀的大弟子布勞岱常以兩人「亦兄弟亦敵人」的關係為例，說明其對智識進展的助益，他說費夫賀自從布洛克去世後，再也找不到和他親近的兄弟，費夫賀一直到晚年都非常的孤單。費夫賀雖然有布勞岱這位智識上的「兒子」，但那是另一種關係了，這和「兄弟」是不能相比的。布勞岱也常說自己很缺乏一位「亦兄弟亦敵人」，他勸告富創造性的人一定要找到一位可以互相辯證的夥件，否則很容易陷入「獨白」的窘境。

一九九二·四·一《歷史月刊》，第四期

# 文藝

# 新沙特熱潮

一九八〇年四月十五日早晨，我吃力的摸到收音機開關，正好播報新聞，頭一條報導是沙特清晨病逝於醫院。頓時睏意全消，傾聽播音員摘述沙特的生平、事蹟，其中免不了又提到他一九六四年拒受諾貝爾文學獎的事，以及他在法國知識界半世紀以來的浮沉與褒貶。

沙特死了。報章、雜誌、專刊紛紛大肆報導，成了書報攤上的大熱門。我也不放過這熱鬧，詳細看了一陣，才明白他是因肺水腫病逝於 Broussais 醫院。接下來連著幾天，電視、傳播媒體說個不停，大概全世界都知道了。

到了出殯那天，隨著靈車往巴黎市內 Montparnass 墓地送葬的民眾，據估計至少有五萬人。思想界巨星消逝了，儘管他生前恩怨紛雜，但他的智慧仍是舉世公認。送葬行列的規模，也許是死者行情的指示器吧。沙特大學的同學，也同樣在全世界思想界中有相當分量的雷蒙・阿宏（Raymond Aron），一九八三年十月十七日因心臟衰竭去世，也同樣是轟動文林，尤其同年八月，他才剛出版了暢銷排名第一達數個月近八百頁的《回憶錄》。但是阿宏的送葬「行情」，就相對的失色多了。

這兩位學生時代的密友，二次大戰後見解相異，反目成仇，不相往來。直到一九七九年三月，才爲了越南海上難民，共同向季斯卡總統請命。他們兩人見面的事，在儒林中所引起的注意，不下於海上難民本身。那時沙特已近全盲，兩人象徵性的握了手，也沒說什麼，阿宏在回憶錄中，倒詳細記載了當時的情景、自己的感受，以及別人的評論。

沙特去世的熱潮稍過，我也去了他的墳地「觀光」一次。墓在墳場入口右轉不遠處，暗紅的花崗石，看來非常平凡，形式也很簡單，比起鄰近的「墓屋」，相對的矮小，但色澤卻比一般灰褐色的墓亮麗得多。碑上刻著就只有兩行字：Jean-Paul Sartre，下一行是一九〇五～一九八〇。

一九八一年四月號（第六八期）法國的《讀書》（*Lire*）雜誌，發表了一份調查報告，對法國知識界最有影響力當時尚健在的人物，做了一次排名，共有四十二位上榜。第一名是人類學家李維·史陀，第二名是阿宏。若沙特還在的話，必定排首名無疑。

沙特的東西，我完全不懂，就算現在起努力去看，最多也只能懂個皮毛。大家談沙特，我阿Q一下，就可以免掉因試圖了解他所引起的痛苦。但沙特對我這一生，曾起過一點決定性的作用。一九七〇年代中期，我參加教育部留學語文考，其中有幾篇閱讀測驗硬是難懂。其中一篇，以當時的能力確實不可能懂。我前後看了幾次，猛然想起，似乎在那裏見過，原來是沙特的《自傳》(*Les Mots,* 1963)中的一段。我讀過中譯本，內容是沙特敍述他小時候在外祖父家裏圖書室中對書籍的印象。這下好了，文章看不明白，題目倒勉強可以，於是藉著記憶作答。成績公佈，低空掠過，得以放洋。否則的話，我還得跟法文惡鬬好一陣子。

人文學界也是有景氣循環的。多少風雲人物，在出版界中冷熱反覆，但二次大戰以來，沒人比沙特在法語世界中更風采。因爲，除了沙特本人的引力外，他還有一位相當具魅力的女伙伴：西蒙・德・波娃(Simone de Beauvoir)，新女性主義者大都知道她的《第二性》等名著。

一九二八年，沙特和阿宏同時自巴黎的高等師範學院畢業，兩人同年生，同校同系，一起去考國家哲學會考。阿宏榜首，沙特名落孫山。沙特準備翌年捲土再來，並向阿宏請教，準備重考期間，認識了小他三歲的波娃，開始了終身分分離離的共同生活。

一九二九年，沙特重考，中榜首，成績比去年阿宏的還高一分。波娃則是通過該項考試最年輕的女學生(廿一歲)！這三個人密切交往了一大段時間。沙特在阿宏之後，也去德國留學，後來立場一左一右，無法交談。沙特的才氣較高，但風度較差，常在書中詆譭阿宏。

不過，能讓沙特罵，也要有相當的程度才够資格。

一九八三年夏天，專替沙特出書的 Gallimard 出版社，推出了沙特逝世後第一本生前書信集，由波娃整理、注解，分上下兩冊。書名是《給河狸和其他人的書信》（*Lettres au Castor et à quelques autres*），上冊從一九二六～一九三九年，五二〇頁；下冊是一九四〇～一九六三年，三七〇頁。「河狸」是沙特對波娃的暱稱。那套書中刊載了沙特年輕時的書信，透露他的感情世界。

在此之前，一九七四年夏季，波娃曾以錄音機錄下她訪問沙特的實況，先是在羅馬旅行時開始的，初秋繼續在巴黎完成。一九八一年十一月底，由 Gallimard 出版，書名是《沙特對話錄》（*Entretiens avec Jean-Paul Sartre,* Ete 1974）。法國近代史上難得一見的才子才女，共同生活近半世紀之久的對話錄，自然精彩（中譯本由臺北聯經出版，分兩冊：《告別式》、《沙特——波娃對話錄》）。

去年十月廿三日，Gallimard 出版社再掀起一陣沙特熱潮，出版了一本《沙特傳》（*Sartre,* 1905～1980），凡七八〇頁，索引中的人名有一千兩百多個。這本書的由來有點故事性。這本書是用法文寫的，但卻是 Gallimard 出版社以一百萬法郎（當年等於十萬美元），從紐約的一家出版社 Pantheon Books 買下法文版權先發行，英文版預定一九八六年十月推出。

Pantheon 是法國的先賢祠（萬神殿），「國寶級」的英雄人物才有資格葬在那裏。歷史英雄不說，文學界的人士雨果、《小王子》的作者 Saint-Exupéry 也都在此掛名。奇怪的是沙特不知是不願，或未被接納，沒有列名此祠。這個祠位於巴黎市中心，一九八一年社會黨的密特朗當選總統，就職時手持玫瑰花，走進此祠，向法國的「祖先」致敬。

一家美國的出版社以 Pantheon 為名，馬上讓人聯想到它的法國關係。這家出版社的老闆 André Schiffrin 生於巴黎，父親 Jacques，是當年陪紀德（André Gide, 1869～1951，一九四七年諾貝爾文學獎得主）往蘇俄旅行者之一。Jacques 在 Gallimard 出版社工作時，創辦了身價不凡的 Pléiade（意為文藝復興時法國的七星詩社）文庫，收集古今名作。到一九八二年時，共出版三百多册，排起來近十公尺長，約四十五萬頁。一般都是作者逝後，以精細的紙，講究的精裝，錄印該作者的精華。紀德是唯一在生前就有作品進入該文庫的人，卡繆、沙特等人都是逝世後才收進的，《紅樓夢》在三年前也收了進去。

Jacques 主編此文庫一直到一九四〇年，後因德軍佔領，施行反猶太法，他不得已帶著年輕的兒子 André 去美國。他的兒子基本上是法國文化的產物，對法國知識界一直很有興趣。這家 Pantheon Books，是美國名出版社 Random House 的關係企業，出版了不少法國名著的英譯，如年鑑歷史學派第三代主將 Le Roy Ladurie 的史學著作，前年過世的名哲學家傅柯（Michel Foucault）等人的著作。所以，這家美國的出版社賣《沙特傳》給法國的名出版社，表面上看起來是有點奇怪，但其實也不太奇怪，這其中又有另一個小故事。

沙特、阿宏在一九二四年進巴黎高等師範學院讀書時，有位才氣高昂的同學尼桑（Paul Nizan），他們兩位對尼桑都很讚佩，私交也相當密切。但尼桑的思想激進，一九二五年突然離開法國，一九二七年回法，加入法共。後來在二次大戰德蘇協訂簽約後退出共黨，參軍作戰不幸陣亡（一九四〇）。他的哲學作品幾乎全被遺忘，直到一九六〇年結集出版，由沙特寫了一篇重要的序文。

法國女作家 Annie Cohen-Solal，在法國另一大出版社 Grasset 出了一本尼桑的傳記，大受讚賞。一九八一年十月十五日，在法蘭克福的國際書展上，Pantheon 出版社與那位女作家簽約寫《沙特傳》。出版社保證支付作者月薪、資料文獻費用，以及工作所需的旅費。前後進行了四年，去年春季，作者的經紀人 Mary Kling 帶著原稿來法國，給七家引頸已久的出版社看，有好幾家都出到了十萬美元的價位，結果決定給出版沙特主要著作的 Gallimard 出版社。

沙特生前對金錢相當沒有概念，Robert Gallimard 這位老闆甚有耐心，自一九五五年起就包辦沙特的所有著作。書賣了不少，但沙特總是透支版稅，甚至欠了 Gallimard 多少也不清楚。他從來不討價還價，Robert 拿文件他就簽，連看也不看，聽也懶得聽，雙方之交情已到這種層次，所以 Gallimard 出版《沙特傳》，似乎較合常理。

這本書在十月廿三日推出，《快訊》（*l'Express*）周刊在廿五日那一期，就節錄了關於沙特晚年的那一章，佔了九頁的篇幅。法國《婦女雜誌》（*Elle*）在廿八日那期，也摘錄了有關沙特和女人關係那一部分。其他出版媒體也自然大加渲染，這是去年法國出版界的一大盛事。

緊跟著又有幾本有關沙特的書出版了。一是《沙特與他所辦的《現代》雜誌》（*Sartre et les Temps modernes*，作者是 Anna Boschetti），另一本是「平裝文庫」出版的《沙特研究》（*Sartre, un homme en situations*）。

據估計，一九四五年～一九八五年的四十年之間，法國至少出了兩百本有關沙特的書，英國、德國、美國、日本，相信也不會少於此數，至於在各不同領域的期刊中，有關沙特的文章，那就數不勝數了。Robert Wilcocks 寫的《沙特傳記》（Alberta 大學出版社，一九七五年），以及 Francois 與 Claire Lapointe 所寫的《沙特傳記》（由 Bowling Green 公司出版，一九八〇年第二版），這兩本書所附參考書目就一萬多條。各地舉辦的沙特討論會議也不在少數，例如去年十一月底在義大利舉辦「沙特與義大利」會議；美國也剛成立了一個「沙特研究會」（Sartre Society）；巴黎的國家圖書館，積極的收藏沙特手稿。沙特熱潮在沙特逝世後，愈來愈盛。這本新傳記，更有推波助瀾的作用。

沙特的作品中，哪些最受歡迎？到一九八五年夏季爲止，排名第一的是 *Huis clos*（《密審》，一九四七），歷年來共售了二一五萬本（各種版本）。其次是 *Les Mains sales*（《髒手》，一九四八），二一〇萬本；*La Nausée*（《噁心》，一九三八），一九七萬本；*Le Mur*（《牆》，一九三九），一八三萬二千本；*l'Etre et le Néant*（《存有與空無》，一九四三），十六萬五千本。

沙特死了，阿宏也去了，傅柯也走了，法國在二十世紀初期出生的世界級思想家，大概只剩下人類學家李維·史陀。二、三〇年代後出生的思想家，是屬於另一種風貌，大概很難像沙特這一代，在世界舞臺上那樣的叱咤風雲了。

一九八六·一·九《中國時報》

# 法國的文學獎

## 文學獎萬花筒

法國是個有文學獎狂的國家。全國共有多少種文學獎？在法國全國出版業同業工會登記的有一三八〇種；依出版業的專業刊物《出版周刊》（*Livres-hebdo*）的估計，則有二千種以上。這是全世界最多文學獎的國家。每年九月起，文壇就開始猜測那些著作會得獎。十一月中旬起，幾個大獎陸續頒發，掀起每年一度的文學獎季熱潮。報紙、雜誌、電臺、電視也都配合報導，分析、訪問，熱鬧得很。

在林林總總的獎中，最受人注意的有龔固爾獎（Prix Goncourt）、何諾多（Renaudot）獎、費米那（Femina）獎和梅迪西（Medicis）等四大獎。龔固爾獎大概是最重要的，這是法國歷史家、作家 Edmond Huot de Goncourt（1822～1896）去世後，依其遺囑於一九〇二年設立龔固爾學院（Académie Goncourt），聘十位委員，現在是每年十一月分中旬頒發最優文學獎。何諾多獎是新聞界紀念法國醫生、新聞業者 Theophraste Renaudot（1586～1653）所辦的。他曾任國王的秘書及醫生，總管王朝的窮人，創辦了幾分雜誌和期刊。一九二五年此獎成立，每年與龔固爾獎同日頒發給小說或短篇小說獎。

費米那獎是 de Broutelles 夫人於一九〇四年創辦，此獎的全名是「女性——快樂生活獎」(Prix Femina-Vie heureuse)。有十一位委員，全是女性，頒獎日期原在龔固爾獎前幾日，現在是在後一星期，與梅迪西獎同時頒佈。梅迪西獎是義大利佛羅倫斯大家族 Medicis 的名稱，每年頒兩種獎，一是法國文學（小說）獎，二是外國文學獎，一九八五年起，增頒第三種獎：法國或外國散文獎。

除了這四個大獎外，也有幾個有重要性的獎：法蘭西學院小說獎，昂貼阿里頁(Interallié)獎，分別於十一月八日及廿七日頒獎。其他還有許多怪獎，舉幾個例子：傳統上，尤其近十年來，幾個大獎幾乎都被加利馬（Gallimard）、門檻（Le Seuil）、格拉賽（Grasset）等幾個出版社分得；一九八二年，有位大學教師兼作家的 Daniel Eimmerman，辦了一個「自由獎」（Prix Libre），其宗旨是頒給非由那三大出版社出版的文學作品。巴黎有個名咖啡店兼餐館，叫做 Deux-Margot，位於拉丁區 St. Germain-des-Prés 教堂對面。這是五〇年代沙特、卡繆、阿宏（Aron）、波娃等人馬聚會、討論、爭辯、決裂之處，是法國戰後思想史上的一個名戰場。它也自有評審委員會，頒發文學獎。這些是私人辦獎的幾個例子。

官方頒的，法國文化部每年頒十幾個全國性的獎，內容包括文學、詩、戲劇等等，獎額兩萬法郎（現約十萬多臺幣）。另外有個巴黎市獎，獎額五萬法郎，有小說獎、歷史小說獎、詩、劇作獎等等。

還有些奇形怪狀的文學獎。旅館公會有個獎，國際反種族歧視及反猶太人協會有個獎，保護動物協會有個獎，還有個獎專頒給有關美食或農學方面的著作，獎品是一籃蔬菜。白蘭地酒全國工會也頒獎……。

出版界也有幾個獎。前述的何諾多獎由新聞業者創辦，動機是受不了龔固爾的決選過程太麻煩，總要拖太久才決定得獎人。同性質的還有昂貼阿里頁獎（一九三〇年起）和今日獎（Prix Aujourdhui, 1962 年起），前者頒給新聞界人士寫的小說，後者頒給政治或歷史方面的著作，阿宏的訪問錄《入戲的觀眾》（聯經公司有中譯本），在一九八一年得過這個獎。此外，電臺也頒獎，如 RTL France-Inter 等重要電臺都有。總之，法國是個令人眼花撩亂的文學獎狂國家。

獎金有多高？上面說過了幾個例子。兩千個獎中，最高額的是 Ciro-del-Duca 獎，二十萬法郎。Femina 獎額五千法郎，梅迪西四千五百，最重要的龔固爾獎五十法郎；何諾多和昂貼阿里頁獎，一文也沒有。

## 文學獎的公信度

以最重要的龔固爾獎來看，得過此獎而且可列入世界級人物有普魯斯特（Marcel Proust, 1919 年）、馬勒侯（André Malaraux, 1933 年）、西蒙・波娃（一九五四年）等等。沙特、卡繆、貝克特（Samual Beckett）等人，似乎沒得法國的文學獎，而卻得了諾貝爾獎。

得獎作品與銷路有無必然的相關？一般來說，是有，但不一定。一般的看法是，得龔固爾獎的作品，若銷路在十二萬本以下，那算是不好的。最好的得獎作是一九七五年的，賣了八〇萬本。另一個指標是在《快訊》(*l'Express*) 周刊上的排名榜。一九八一年得主 Lucien Bodard 的《安——瑪麗》（*Arne-Marie*），排名在前十名達廿七星期，一九八二年的得主 D. Fernandez 十九週，八三年的 F. Tristan 則只有九星期。八四年的 M. Duras，她的

《情人》在九月出書以來，一直排第一名，十一月十二日得獎後，再度掀起高潮，到十二月底至少賣了四十萬本；一九八六年底的估計，總共賣了八十萬本。

《快訊》周刊在一九八四年十一月十六日發表一篇文學獎的調查，調查對象是於同年十月十九～廿二日間，在全法國抽取八一七位十八歲以上的讀者爲樣本。有五十五％認爲得獎作應該是好作品，卅六％認爲不是，九％無意見。卅六％的人會因得獎而購買，五十四％不受影響，七％的人反而不買，三％無意見。有四〇％的人認爲文學獎的主要作用，是給出版社多作生意，廿八％認爲是作者值得獲獎，廿五％認爲這是對大眾表示今年的幾本好書，七％無意見。問起前一年龔固爾獎的得主是誰，九十八％不知道，一％說出作者或書名，一％的人說出兩者。總的看來這項調查顯示，一般法國民眾對文學獎的關心程度沒那麼強烈。當然，在知識界這還是每年的大話題。

文化界，作家對文學獎的反應如何？舉幾個例子。每周五在 Amtenne 2 電視臺主持「作家面對面」（Apostrophes）節目的 Bernard Pivot，他同時也是《讀書》（*Lire*）雜誌主編，他說：要是把文學獎取消的話，整個法國會煩躁起來。寫《日安憂鬱》的女作家沙岡說：取消文學對我沒什麼損失，但對夢想得獎的作家來說，一定是件討厭的事。從純文學的角度來看，文學獎一點也不重要。有個人說：文學獎就像是教堂的鐘一樣，讓信徒知道彌撒還存在。一九七九年何諾多獎得主 J. M. Roberts，得獎時才廿五歲，他說要是取消文學獎的話，我會覺得自己像是個榮民。有家書店經營者說：文學獎對我們而言，相當於扣子眼上插的花，衣服不是靠那朵花賣出去的。在龔固爾獎成立兩年後，法國作家Paul Léautaud（1872~1956）說：我家貓的健康重要，還是龔固爾獎重要？那還用說，當然是貓的健康重要。

## 今年的得獎人與著作

一九八六年的龔固爾獎和何諾多獎在十一月十八日頒佈，費米那和梅迪西獎在廿六日。今年得獎的出版社，打破了前述三大出版社瓜分的局面，而被較不聞名的 Stock POL, Actes Sud 分走了三個獎。

龔固爾獎得主 Michel Host 的作品是《夜僕》（*Volet de nuit*），直到第五次投票，才以五票當選。作者今年四十四歲，去年得到龔固爾獎第二名，今年終於得了頭獎。而去年的頭獎得主，在前年也是先得到第二名，有點巧合。加利馬出版社連得兩年的龔固爾獎，穩居寶座。

何諾多獎在第二次投票時，以五票的多數頒給現年四十二歲的 Christian Giudiceli，作品是他的第七本小說《海水浴場站》，也是由加利馬出版。一周後頒布費米那獎，分別頒給國內與國外兩種。國內小說獎在第一次投票時，就以六票決定頒給 René Belletto 的《地獄》（*L'Enfer*），出版社是較不聞名的 POL，得獎作的性質是偵探小說。而外國獎是由瑞典的 T. Lindgren 所得，作品是《古代故事中猶太的名女人》，由 Actes Sud（南方學報）出版社發行法譯本，在第一次投票中，就以七票通過。

獎項最多的梅迪西獎，國內作品獎由 P. Combescot 的第二本小說《沙丁的葬禮》獲得，這是到第四次投票後，才得到七票通過。國外獎由美國人 John Hawkes 獲得，作品是《阿拉斯加皮貨交易歷險記》，這是他的第十一本法文譯本，由門檻出版社發行。今年六十一歲，《紐約時報》說，他可能是現在健在的美國作家中，最偉大的一位。第三項是散文獎，頒給英國的 Julian Barnes，作品是《福樓貝的鸚鵡》，法譯本由 Stock 出版社發行。

和臺灣大不相同的，是法國文學獎歷史悠久，每年一次的四大文學獎，在大報的文化版上略加解說介紹外，並不一定在市場上有決定性的作用，知識分子也不太受得獎消息的影響。至於其他上千種較次的文學獎，那就更少為讀者所知了。得獎者的收益，更是比日本的幾大文學獎差多了。

一九八九・一・九《中華日報》

# 法國獲獎的「新小說」作家——杜哈絲

## 人和書

一九八四年的法國龔固爾文學獎（Prix Goncourt）[1]，十一月十二日頒給呼聲最高的資深女作家杜哈絲（Marguerite Duras）[2]，得獎作品是她的近作《情人》（*l'Amant*）。這是一本沒有對話的自傳體敍述故事（récit），屬於所謂的新小說。情節是她十幾歲時，隨家人住在越南殖民地上中學，和一位富有華僑子弟的戀愛故事。時間是一九三〇年，她十五歲半，他大她十二歲；男方富，女方貧。在年齡、階級、膚色的差距下，兩人有過一段複雜的隱情。故事終了是過了幾十年後，男主角又到了法國，打電話給她，說愛她到死爲止。

杜哈絲的小說中，以越南及她個人故事爲背景的，這不是第一部。一九五〇年出版的《太平洋的欄壩》（*Un barrage contre le pacifique*），故事背景類似，當年也入圍參選龔固爾獎，但未當選。三十四年後，終於得到了。

那次她得獎，幾乎在事前就已被文學界認定了。前一年此獎的得主 Tristan 也早先在《讀書》(*Lire*)雜誌上說，希望她能得獎。《情人》是一九八四年二月到五月間寫成，全文寬寬鬆鬆的印，不到一三五頁。一九八四年九月問世以來，大大暢銷，在《快訊》(*l'Express*)雜誌的暢銷排行榜上，到十二月底已連十五週第一名，約銷了四十萬本。依一九八六年十月的估計，總售量已達八十萬本。

歷年龔固爾獎的著作都由 Grasset, Le Seuil, Gallimard 等幾家大出版社包辦。一九八三年是例外。《情人》是由一家知識性相當高的「子夜出版社」(Les Editions de Minuit)出版，也是該出版社的小說第一次得此大獎。這本書出版後，又掀起了一大陣杜哈絲的熱潮，她從前的作品又重印了許多，《情人》到處缺貨。《新聞週刊》(*Newsweek*)在九月廿四日(歐洲版)也介紹了她的生平、著作、思想、交往以及《情人》的內容。「子夜出版社」的聲名大振，尤其是一九八五年諾貝爾文學獎頒給克勞德·西蒙之後，「子夜」的眼光完全受到肯定。

法國文壇有兩個重要指標，一是《快訊》的暢銷排名榜，二是法國電視第二臺(Antenne 2)每周五晚間的「作者面對面」(Apostrophes)節目。此節目由《讀書》雜誌主編 Bernard Pivot

主持，邀作家上電視，由幾位訪問者發問。一九八四年九月廿八日的節目中，杜哈絲單獨被邀（平常是同時幾位），這是少有的事。一九八一年，《讀書》雜誌調查過當時法國知識界最有影響力的人物，杜哈絲排名第二十位。幾年之後，已有幾位去世，要是今年重排的話，她很可能進入前十名。幾十年來，她在法國知識分子中已有確定的地位，貝克特（Samuel Beckett，一九六九年諾貝爾文學獎）說她是健在的法國作家中，最偉大的一位。

《情人》暢銷，杜哈絲也很高興。這本書她說是寫得最輕鬆的一本，她說還有許多事要寫。她上一次得的獎是一九八三年的法蘭西學院（Académie Française）的劇作獎。一九七〇年時也曾以《英國的情人》（*l'Amante anglaise*）劇本獲易卜生（Ibsen）獎。《情人》這本書的體裁和往年得獎的書不同，這本書不算是一般的小說，而較屬於所謂的新小說。得獎後，有人問她如何解釋此事，她說：「他們頒給我這個獎，是因爲他們相信我可以得此獎。因爲他們沒找到拒絕給我這個獎的理由。」據報導，她一九八四年曾入了諾貝爾文學獎的候選名單內。

近年來龔固爾獎中，以中國（人）爲故事背景的還有另一位，他是一九八一年的得主Lucien Bodard。書名《安瑪麗》（*Anne—Marie*），敍述一位在法國駐華領事，熱愛文學，他的妻子 Anne—Marie 好社交，兩人感情冷漠。她帶小獨子回法國讀書，母子間複雜衝突。本書在《快訊》暢銷排名達廿九星期，相當不尋常。Bordard 的小說不少是以中國為背景，他本人在中國生活過，有些細節相當寫實。杜哈絲是在越南出生長大，父親早逝，母親不太管她，她從小和越南人一起玩大，越南話曾經說得很好。她說她長大後才「知道」自己是法國人。

## 生平

一九一四年生於越南的 Giadinh 地方。父親是法國派到越南的數學教師，寫過一本指數函數方面的書。她四歲時父親過世，母親是小學老師，帶著她和兩個哥哥在越南住下去。母親受生活壓力太大，精神不穩。她大哥因母親過度寵護，胡行無度，在法國孤死。二哥很年輕就在戰爭中因醫藥不足喪生。她於一九二七年返法，先讀哲學、數學，後取得法律、政治學士文憑。之後與一位作家 Robert Anthelem 結婚，有一個兒子，後來離婚。一九三五～一九四一年間，在殖民部做事，大戰期間曾加入抗德工作。

三○、四○年代西歐的知識分子，沒加入或沒有社會黨和共產黨思想的人，幾乎和現在西歐加入共產黨的知識分子一樣少。杜哈絲也加入過法共。二次大戰終了時，法共甚得民心，後來的幾次事件，使法國知識分子逐漸失去幻覺。杜哈絲在政治思潮上，是跟著她那一代的主流走。現在她反共，支持社會黨，和現在總統密特朗相當熟稔，他是她的忠實讀者。

她今年七十三歲，也許因挫折不斷，長年酗酒，到一九六四年才戒掉。十年後又開戒，幾年前因肝硬化差點不治。她在法國西北部海岸的 Trouville 有棟鄉村式的房子，也在巴黎塞納河左岸租了一間小房子，已住了四十年，現在和一位三十多歲的作家 Yann Andrea 同住。Andrea 在一九八三年出版過一本有關杜哈絲的書（*M. D.*），敍述她與酒精中毒奮戰成功的故事，震驚了不少人。

一九八四年的《情人》大成功後，她忙了一大陣子的社交活動，沒有新的著作。一九八六年十一月中旬，出版了另一本愛情小說，名爲《藍眼黑髮》（*Les yeux bleus cheveux noir*），她故意省去法文書名第三個字後應有的逗點，不知另有什麼原因。全書一六〇頁，報上說「未出已先轟動」，這本書的故事大致是：在一座海邊孤立的房子裏，有一位年輕的女人和一位不喜歡女人的年輕男子。有一位年輕的外國男人和這兩位分別有了關係，他有藍眼黑髮……。

## 作品

杜哈絲寫小說，也寫戲劇，也寫電影劇本，也拍電影。《情人》書後附有她著作書目，不包括別人寫關於她書，也不包括她受訪問錄影後出版的書，共有五十三本。第一本是小說《無恥者》（*Les impudents*），一九四三年出版。四十年間寫了這麼多本，是法國文壇上少見。一九四三～一九六五年間，她主要是寫小說（十一本）。敍述體的（récit）則一直都有（一五本）。劇作（théâtre）是從一九五九年起（六本）。電影劇本一九六〇年起（二本）。電影：一九六六～一九七九年間（十六部）。接受訪問的對話錄（三本）。

一九八七・二・十三《中華日報》

## 注釋

❶ 這個獎是法國作家 Edmond Huot de Goncourt（1822～1896）所創設。一九〇二年他創立龔固爾學院（Académie Goncourt），邀請十位作家，自一九〇三年起，每年（十二月）頒獎給最近出版的作品，大都以小說爲主。評審委員會自一九七四年起，增加四位外國法語系的委員（加拿大

的魁北克、比利時、瑞士和非洲的塞內加爾）。一九七六年起加上一位俄國及一位墨西哥籍的委員。但眞正投票的只有十位，這次杜哈絲在第三次投票時得六票。法國的文學獎可能是世界各國最多的，但以此獎最受注目。其他幾個主要文學獎有：Femina、Renaudot、Medicis、Interallié、法蘭西學院（Académie Française）、Chateau briand 等。各獎約都在每年十一月頒發。

❷ Duras 是她的筆名，眞名是 Marguerite Donnadieu。

# 國際性的傅柯熱潮

一九八四年初，傅柯的《性史》第二册出版，馬上成爲法國出版界的一項事件，好幾本有分量的文學、哲學刊物，競相訪問他，介紹他的學說、著作，以及他在外國與本國的影響力。那時是我在比利時魯汶大學的最後一年，有些空閒，就把這些新聞有系統的蒐集閱讀。

同年五月左右，看報導說他住進了醫院，情況危急。他年齡不大（一九二六年生，五十六歲），不知有何急症。六月廿五日，正是他的《性史》及其他早期著作大熱之時，他過世了。報章上的死亡原因，有好幾個長長的拉丁病名，根本看不懂，當時也沒注意。大約同時，美國名影星洛赫遜到巴黎的美國醫院治療愛滋病，愛滋病馬上成爲新聞焦點，於是也有馬路消息，說傅柯也患是症。後來據一九八六年十二月八日的 *Newsweek* 報導，確有此事。

一九八一年法國的《讀書》（*Lire*）雜誌，做了專輯：健在的法國知識分子中，哪幾位的影響力最大。沙特一九八〇年四月已去世，所以沒包括在內，否則應名列榜首。當時的前三名是人類學者李維·史陀、社會學兼哲學兼政治學等等的阿宏（Aron）第二、傅柯排第三。到了八六年底的五年之間，排名在前十位的，逝世了一大半：阿宏（一九八三）、傅柯（一九八四）、拉岡（一九八一）、亨利·米修（一九八四）、布勞岱（一九八五）、波娃（一九八六）。法國的思想界，在世界上還算大師級的人物，似乎只剩下李維·史陀了（一九〇八年生）。

以上這幾位大師的去世，都成爲大眾矚目的新聞事件，但慢慢讀者大眾也就漸漸淡忘下來。法國知識界的大師級人物，在去世後通常要再過好幾年，或甚至很久，才會再度被肯定，例如沙特的作品，也是在死後才得以列入「七星文庫」（Pléiade），紀德是唯一生前就列入該文庫的人，部分原因是他和那家出版社關係密切。上面提到的幾位，除了沙特列入「七星文庫」，以及一九八五年他的傳記出版時再度引起熱潮外，其他似乎都還在「觀察期」中。

唯一的例外是傅柯，逝世後反而更受全世界知識界的注意。以臺灣爲例，他主要的著作，只要有英譯本，臺灣幾乎都有影印，一九八六年五月創刊的《當代》，也以他爲創刊號封面人物。一九八五年四月，巴西的聖保羅大學以他爲議題，開了一次研討會，論文出版

（葡萄牙文）題爲 Recordar Foucault。同年三月，美國柏克萊也有一次以他爲主題的會議，其他地區很可能也有類似的會議。柏克萊加大是傅柯客座過的大學，本來一九八五年他還要再去一年的，他死後學刊也有紀念專集。日本譯他的著作，早已進行，他在日本發生影響，是一九七〇年訪日時開始的。

這些是在國外的情形。在法國本地，這兩年來他更是熱門。一九八六年五月卅一日，有三十多位法國和外國的研究者在巴黎聚會，決定成立一個「傅柯中心」（Centre Michel Foucault，地址是：rue Marcel-Renault, 75017 Paris）。這個中心的目的在蒐集、整理傅柯本人以及有關他的著作、文獻、資料，當成研究「傅柯學」的聯誼、討論、諮詢中心。同時有六位知識界名人組成該中心的委員會：Pierre Boulez（音樂家）、Georges Canguilhem（哲學家）、Gilles Deleuze（哲學家）、Georges Dumézil（宗教史家）、Paul Veyne（史學家）、Michelle Perrot。

儘管學術界的討論十分熱烈，傅柯遺作《性史》第四册，卻遲遲沒有問世。這套書的第一册是一九七六年出版，第二、三册在一九八四年他去世那年出版（臺灣有前兩册的英譯本影印）。第四册在他八四年六月逝世之前已完稿，依目前法國有關法律的規定，遺作應在八五年九月之前出版，但不知何故，時間過了一年多，還沒有動靜。據八六年一〇月一〇日的

《快訊》（*l'Express*）報導，第四册題爲《肉體的供認》（*Les Aveux de la chaire*）即將出版，學界已引頸甚久。

法國知識界大將中，身後「行情」的風光，以沙特爲最：五萬人送葬，文學、哲學、戲劇界等等都有紀念他的文字，作品列入「七星文庫」，波娃出版她和沙特的對話、沙特給她的書信，使沙特身後仍一直是出版界的長青樹。

沙特之後五年內去世的前十名主要人物，又以傅柯最爲風光。除了「傅柯中心」的成立，一九八六年一年內，法國就出版了三本有關他的論述，其中兩本是從外文譯成法文。更值得注意的，法國兩本有分量的刊物，在八六年夏季，分別以傅柯爲主題人物，彙集各行各業各國人士的訪談、紀念文字、評論。這兩份法文刊物是：第四一期的《議論》（*Le Débat*），專題以 Michel Foucault 爲名；另一本是八、九月號兩期合刊（四七一～四七二）的文藝、知識性評論月刊《評論》（*Critique*），有七位法國和十一位國際知識界人士，或是回憶他們和傅柯的往來或評論他的觀點，篇篇精彩。

《評論》的傅柯專號，有許多值得介紹的資料。首先，十八位作者中，知名人士不少：法國名音樂家 Pierre Boulez、德國哲學家哈伯瑪斯、論述傅柯哲學的兩位作者 H. Dreyfus 和 P. Rabinow、法國名史學家 Paul Veyne 等人。重要的資料有：一張傅柯三十歲到瑞典讀博士學位同時在「法國文化中心」(Maison de France)做事時的照片、一分「完整」的傅柯著作目錄(廿一頁之多)。

這分著作目錄分六項：專著、翻譯、序言、論文、訪談(別人訪問他)、文集。但仍有些未列入的，如上述《性史》的第四册，一九七六年六月和兩位義大利人的訪問錄，這是我碰巧知道的遺漏。基本上，這份目錄是目前最爲完整的了，但可惜未列出別人所寫有關於他的書籍和文章，例如加拿大出版的刊物 *Ethno 2*，在一九八三年秋季號就有傅柯少數相當自傳性的文章。我想，「傅柯中心」一定很高興看到臺灣近來創刊的知識性刊物《當代》，是以傅柯爲創刊號封面人物。在日本也有不少這類的文字和書刊，「傅柯中心」的收藏，需要靠各國人士的主動支持。

臺灣的知識界，對傅柯的著作已大致有一般性的介紹，在此記些他早年的軼聞，以供茶餘飯後。大學畢業通過哲學會考後(agrégation，沙特、阿宏、波娃等人也都考過)，他在巴黎心理研究所(Institut de psychologie de Paris)讀兩年，原本在里耳(Lille，法國西北臨比利時邊境的大城)的文學院有個助教職位，但因「對法國的社會和文化生活沒多人興趣」，所以一九五五年就離開了法國」，時年廿九歲，開始了他的國際生活。

他亦師亦友的宗教史家 Georges Dumézil 那時期常住在瑞典的東方學院，就推介他到

Uppsala 大學教法文，並兼該城「法國中心」的負責人。Uppsala 城原是斯堪地那維亞的舊都，人口約十四萬，是個工業、機械城。大學藏書豐富，年輕的傅柯熱誠慷慨，直到一九五七年轉到波蘭華沙大學的法國研究中心任負責人之前，在瑞典的那段時期，對他是個很重要的起點。

他的法國文學課程，原先是計畫給三十多位年輕女孩上的，但卻吸引了大學內的菁英分子。一九八五年瑞典有份刊物，還提到三十年前他法文課的講義。原先只是例行性的，但後來愈發引人，在五六年時，甚至以「法國當代戲劇」爲課程主題；之後「從沙德(de Sade)到惹內時期法國文學中的愛情」爲主題。他那時期對文學、繪畫、詩（他最欣賞 René Char）、音樂等等的興緻，遠高於哲學的投入。

他一位聞名的生化專家朋友 J. F. Miquel，那時常在一起，回憶說傅柯對實驗研究也很有興趣。一九二六年得諾貝爾化學獎的瑞典科學家 T. Svedberg，曾帶他參觀設於地下三層樓的核子反應器，向他解說了一星期。

一度任 Uppsala 城「法國中心」負責人的傅柯，有項工作是邀請知識界人士演講。我們來看看他當時的眼光：卡繆（一九五七年去瑞典接受諾貝爾文學獎時，順道去演講）、克勞岱·西蒙（一九八五年諾貝爾文學獎，新小說）、Duras（杜哈絲，一九八四年法國龔固爾獎，她的小說《情人》有中譯本）、羅蘭・巴特（R. Barthes）等等。這些人後來多爲各個領域中赫赫有名的一方霸主。

傅柯當時組了一個類似讀書會的團體，叫做「Ring」，由他領導成員預讀即將來演講者的著作，以使會場熱絡，賓主盡歡。他是一個非常有才華的領導者，甚至是個好外交家。當時駐瑞典法國大使 Chazelle 想請他當文化參事，但他因感冒，且與論文指導教授在研究方法上未能協調，才在五七年前往波蘭。

波蘭期間，他表現得和瑞典時期一樣好，但對波蘭的感情很深，一九八一～一九八三年間波蘭工會事件時，他也挺身而出前往波蘭。一九六〇年轉往德國漢堡小住後，回到巴黎。之後又到巴西、突尼西亞長住。四十三歲選爲法蘭西學院教授到一九八二年之間，去過美、日、巴西、加拿大、西班牙、伊朗，他的活動能力由此可見一斑。

他的著作現在已爲世界大部分國家的人文學界所知悉，甚至蘇聯也有讀者。他的朋友法國大作曲家兼指揮家布列滋（Boulez），有一次和英國的 BBC 樂團去蘇俄演出，那時傅柯的《監獄的誕生：監督與懲罰》剛出版（一九六六），他就在旅途上閱讀。有一天一羣知識分子來旅館看他，見到了那本書，說他們早已聽說這本著作，希望能留下來給他們。

傅柯在文學上從未談論音樂，沙特也不曾以文字表達他對音樂的體會，但布列滋說這兩個人不只是樂迷，而且還是眞的懂。有次布列滋組織個音樂討論會（Le Temps musical），邀羅蘭巴特、德勒茲（Deleuxe）、傅柯等名學者，討論得相當熱烈深入。

以上提供一些文化記者式的軼聞，很希望在幾年內能讀到譯注傅柯任何一本著作的中文翻譯。

一九八七・五・一《當代》，第一三期

**後記**：傅柯的傳記 *Michel Foucault* 已有英譯本，由哈佛大學出版社印行，作者爲 Didier Eribon。這是一本很細入的評傳，值得推介。

# 在孤寂的月光下

## ——比利時畫家德爾沃的「火車情結」

熟悉比利時「超現實主義派」藝術家保羅・德爾沃（Paul Delvaux, 1897～ ）作品的人，一定注意到他的畫作中，常常出現在月光下孤寂無奈的火車，以及淒涼的古老火車站，有時甚至連火車廂的編號都有細緻的描繪。這種「火車情結」是他生命中的一項獨特關懷，更有意思的是，這個從童年到中年一直讓德爾沃念念不忘的題材，到了晚年竟然眞的走入他的生活：他當了火車站的名譽站長。

一九八五年元月上旬，我正準備離開新魯汶（法語）大學時，有一天，這個構造、建築均獨樹一格的小大學城，突然來了一大股人潮，有官方典禮將舉行的樣子，我就湊熱鬧擠了進去。問了別人，原來是比利時交通部長、校區所在的歐替尼（Ottignies）鎭行政首長、魯汶大學校長等等各方代表羣集新魯汶大學火車站，要頒贈榮譽火車站長職位給德爾沃。

魯汶大學位於荷蘭語區內的魯汶城，一九六八年法語部開始計畫獨立，打算搬到法語地區內，以免兩語區內的人士和學生無止境的衝突下去。一九七〇年代初期，法語部人員在離歐替尼鎮（布魯塞爾東南約三十公里）約六公里處，從荒蕪中建立了一所新的大學城，稱爲新魯汶城，人口連流動通學的學生在內約兩萬多人。它對外的連絡網路，除了高速公路，還從歐替尼站拉出一條支線到新魯汶。這個屬於歐替尼的分站，只有一個控制室，每半小時各有一班火車進出，內有站員兩三人，沒有站長。

榮譽站長頒授典禮在車站月臺上方的大學行政中心舉行。交通部長首先作了簡短的說明，他說：比利時因經濟情勢不佳，從一九八一年年底就不再聘雇人員，也提早員工退休的年齡，今天要聘用一位新站長，年齡又已超過八十歲，從交通部的立場來看，是一件很爲難的事。觀眾聽後會意微笑。接著德爾沃致詞說：「我八歲時和父母住在布魯塞爾市內的 Ecosse 街，每年有兩次機會和父母從盧森堡站（布魯塞爾市內的火車站之一）搭火車去探望住在 Antheit 的祖母。每次經過歐替尼站時，我心裏就希望有一天能當上這個車站的站長。今天，這願望實現了，我非常高興。

典禮過後，德爾沃面露童稚的笑容。他那原先兩邊蓄髮中間禿頂的頭上，已戴上了站長帽子。他往月臺走去，有一班火車正等著他吹哨下令後開離。在人潮中我看不到他的表情，只聽到三聲響哨後，火車鳴著汽笛出站，羣眾歡呼大叫。從當天的電視以及隔天的報載照片，可以看到他激動興奮的神情。

從那天起，新魯汶車站把德爾沃作品中有火車的畫作全部複製一套，永久陳列在月臺。同時以法、荷、英三種語文在月臺入口處說明事情始末：

> 如果不是已經當了畫家，保羅・德爾沃最希望的是當火車站站長。德爾沃從小就一直夢想當歐替尼火車站站長：這是他幼年從 Boisfort 前往 Hastière 探望祖父母時換車的車站。
>
> 引用 Jacques de Lacretelle 的話來說：「成功的人生，就是童年的夢想在成年時得以實現。」因此，交通部長 Herman De Croo 任命保羅・德爾沃為新魯汶火車站的站長，這是歐洲最新也最有學問的火車站。
>
> 那一天，他接受了站長的帽徽，在他的生命中開始了一項卓越的事業，他說：「這是一件美妙的工作。」

一九八八・一・二○《中國時報》

# 難以定位的多面英雄——安德列・馬勒侯

一九八六年十一月廿三日，是馬勒侯（André Malraux）逝世十周年紀念，法文《世界日報》在廿一日以兩大頁紀念他，並介紹幾本有關他的新書，包括他兩位太太所出版談論他的書。廿三~廿四日的《世界日報》，以一大頁記載他去世的經過，其中也談到當時任總理的巴赫，在出殯當天清晨獨自來致敬。巴黎的知識界爲紀念他去世十周年，於一九八六年十二月五日至七日在大皇宮召開「馬勒侯國際會議」，希望將來有文集出版。

回來介紹本文主角。此地知識界對他較不熟知，而他又是一位絕對重要的「反當代」智識人物（曾被提名諾貝爾文學獎）。他的思想、作品、事蹟，已很明白的顯示他是一位不易明瞭的多面英雄，他在文學、考古、美學理論、政治作爲等各層面，都需有專人專文評介。本文僅就他的生平與著作，作外圍的資料性介紹。

法國的著名哲學家、社會學家雷蒙・阿宏（Raymond Aron, 1905~1983），在一九八三年出版的《回憶錄》中，以相當多的篇幅述說了他和馬勒侯長期交往的經過，以及他對馬勒侯的衷心景仰。阿宏在留德期間，有一次幾位法國名作家到科隆參加會議（一九三〇或一九三一年），其中馬勒侯的講話，給聽眾留下深刻的印象。阿宏陪他回旅館時，正值大雨，無法多談。一兩年後再度會面，相處十月，相談大歡。還是學生身分的阿宏，對只長他四歲而已博得大名的馬勒侯，敬仰之情甚可理解。而這位「從沒見過他在相片上露出笑容」的馬勒侯，能與「學生」阿宏夫婦兩家四人加上各自的一位女兒，常相往來談論政治、文學，若非棋逢對手，也不可能一直維持到一九三六年西班牙內戰爆發，馬勒侯參戰爲止。

他二十歲就出書，然後在股市投機失敗，跑去東南亞搞革命，可說是沒受完正規的高等教育，而他在哲學、文學上的成就，已不容置疑。阿宏就懷疑他是否看過《純理性的批判》、《精神現象學》，以及他偶爾提及的海德格的《存有與時間》。阿宏也懷疑他看過沙特的《存有與虛無》，而他常引說的東方事物，阿宏也無法證明他的梵文和亞洲語文的程度。但每當阿宏想嘗試去驗證時，卻又被他準確的文學、歷史知識所折服。同樣的，在美學觀點上，他也不是學院派的做法，去依時代、學派、類別等方式研究。沙特也沒有很高的學位，他們這樣的人忍受不了形式主義的學術規矩，他們是創造性的「天才」，同樣的素材投入，所得到的產品就是和其他人在層次上不同。

有人問阿宏說，馬勒侯的政治理念，在二次大戰結束前是左傾的，而你一向偏右，兩個人怎麼談得來？阿宏說，我們兩人看來似乎立場不同，但有一共同點：反集權式的法西斯。馬勒侯雖熱衷政治活動，卻從未領取過任何黨證，因而能保持獨立自由判斷。戰後法共傾蘇後，馬勒侯就成爲忠實的戴高樂派了。阿宏說他和馬勒侯之間的關係，因爲私人的原因後來就中止了。

馬勒侯的一生，充滿了許多外人所不知的傳奇，而他也少提及私事。但他的公共面，已是個相當複雜而且難以歸類定位的多面成就人物。他可以在二十歲就出書，和比他長五歲的女人結婚，在半年內離婚，繼承家產，在股市輸光，跑到寮國盜寶被捕，去越南組反法越南獨立組織並辦革命報，到中國與包羅廷等人往來，參與國共之爭，在法國得最重要的龔固爾文學獎，在阿富汗、伊朗考古，參加西班牙內戰，組空軍任上校，正如 Koestler 所說的：「他是一個可以放下筆拿起機關槍的智識分子」。這一點只有參加地下抗德工作，而被納粹槍殺的名年鑑學派中古史學家馬克・布洛克（Marc Bloch, 1886~1944）稍可比擬。

戰後他從革命人士變成了文化部長，還被提名諾貝爾文學獎。在他內心中，十年的部長任期，只是客串，非其本願。他在某次訪問中說，藝術對他的意義超過其他任何事物。他的生命，被歷史和藝術這兩個「惡魔」驅使著。他是個馬克斯主義者，但卻又反蘇。他不信神而又在追尋上帝。他反對形式上的宗教，而又追求信仰。他曾對 Bockel 神父說：「您比我更知道，無人能逃避得過上帝。」他是個政治行動人物，而又不懂得羣眾。

他一生中，在不同時期、不同領域中的活動，創造了不少成就與傳奇，有人好奇的問他，這些似乎一般人不可能做到的事是否眞實，他也沒說是對或錯，而只說這些事「存在過」。

一九八八・五《藝術家》

**附記**：本文在《藝術家》刊出時附有一篇訪談的譯文。

## 馬勒侯年表

——一九〇一年　十一月三日生在巴黎的一個富裕家庭，早年生活不明，曾在巴黎大學東方語文系就讀，未畢業。

——一九二〇年　與克拉哈結婚，時年十九歲，她廿四歲。六個月後離婚，「以免相互妨礙自由」，但仍共同活動。克拉哈離婚後仍冠夫姓，出版回憶錄《我們的二十年》，但馬勒侯出葬時，只有第二任夫人瑪德蓮出席。

——一九二一年　所繼承豐富家產在股票投機中失敗，計畫到寮國竊取（另一說是曾有官方許可）受希臘藝術影響的佛像，轉賣往美國求利，以彌補股市損失。計畫未成被捕，經克拉哈回巴黎向文藝界人士求援奔走才被釋放。之後轉往越南，組織越南獨立聯盟，創辦《中南半島連鎖報》。

——一九二五年　轉往中國，時值國共相爭，他與共黨分子接觸，此段經驗表現在一九三三年出版並得當年法國龔固爾文學獎（Prix Goncourt，最重要的一個獎）的小說：《人間條件》（*La Condition humaine*）。這段東西文化的交會，以及經歷了幾個大事件，都表現在《西方的誘惑》（*La tentation de l'Occident*, 1928）、《皇家之道》（*La Voix royale*, 1930）等小說中。

——一九二六年　二度回中南半島，之後在遠東諸國來回數次。

——一九二九年　在阿富汗、伊朗發現受希臘藝術影響的佛像，在考古、美術史上的關係重大。後來一九三四年在阿拉伯發現可能是傳說中 Sheba 女王城市的遺址。他在這方面已略具聲望。

——一九三三年　得龔固爾文學獎，聲望大升，但影響力仍在文藝圈內，尚未到政治、哲學領域內。但三〇年代初期西歐法西斯之風興起，他開始加入政治活動，參加「反對反猶太人聯盟」，反對納粹的集權主義。

——一九三六年　西班牙內戰爆發次日，他越過庇里牛斯山，在一星期內組一支飛行中隊，任上校隊長，與法朗哥的白軍對抗。前往馬德里出幾次任務後，轉往美國募集醫療援助西班牙的基金。這段經驗，寫在他的小說《希望》（*L'Espoire*, 1937）中。

——一九三八年　在西班牙巴塞隆納導演製作一部據《希望》改編的電影，被禁，二次大戰後才在法國上映。他自認為「電影比小說還要好」。

——一九三九年　德蘇簽定不侵犯協定後，驚醒國際共黨的舊夢。馬勒侯對共黨已無幻覺，自願加入法國坦克部隊當兵。受傷被俘，但被送往法國自由地區，加入地下反德工作，改名為 Berger。

——一九四四年　受槍傷被德軍捕獲，送往刑場假槍決，後被法國救出，轉往亞爾薩斯省，組織部隊，對抗德軍。此時他的想法已改變，認為國家需要統一，西方文明會有新的轉機。此段時間遇戴高樂將軍，對他一生起了決定性的改變。

——一九四五年　任戴高樂第一政府「新聞部」臨時部長（十一月至翌年一月），後隨戴高樂下野。但也代表戴高樂派的「法國人民聯合黨」（RPF）在國會發表精彩演說，引起注意。之後，注意力轉往藝術領域，到一九五八年之間，出版幾本重要的美術、美學著作。

——一九五八年　出任戴高樂文化部長十年，兩人關係密切。任內雖想建樹，但限制頗多，成效比預期的少。

——一九六七年　出版自傳《反回憶》（*Antimémoires*），但甚少提及私事，包括兩個兒子車禍過世、這兩個兒子的母親 Josette Clotis 去世等悲劇事情。他的女伴小說家 Louise de Vilmorin 逝世後，他就搬到離巴黎不遠的 Verrières-le-Buisson 獨居、工作。一九七六年十一月十五日深夜因肺部栓塞引發高熱住院，廿三日清晨六時逝世，享年七十五歲。

# 讀書這一行業

臺灣的讀書界現在有兩項主要的大眾傳播媒體：一是《中國時報》每周五有好幾頁的新書出版與短評；二是《民生報》每周五也有一頁的出版報導。去年臺視周一晚的公益節目「當代書房」，可惜只維持了幾個月，但這是一項可喜的現象，雖遲不晚。

一九七九～一九八五年間，我每星期五固定買《世界日報》（*Le Monde*），因爲裏面有每周新書的介紹與文藝思想評論。這分「讀書版」眞是惠我良多，我對法國知識界的消息有一大半是來自於此，另一半來自《文藝雜誌》（*Magazine littéraire*）、《讀書》（*Lire*）這兩分月刊，再加上《新觀察家》（*Le novel observateur*）、《快訊》（*L'Express*）兩分周刊的書評。

當時另一件常爲大家所談論的，是法國第二電視臺（Antenne 2）每周五晚八時半的「作家面對面」（Apostrophes），現場播出一個半小時。主持人 Bernand Pivot（畢沃）

相當有才幹，能邀請到一些不容易露面的人物，來爲自己的著作辯解。能上這個節目，幾乎就等於肯定了作者的地位，一些新作家的書也會因爲上過節目而顯著的增加銷售量。有些書店還會把本周要上此節目的書陳列在題目處，這對書店和買書人都互有好處。

這個節目從一九七五年元月起，持續到一九九〇年止共十五年半，觀眾人數最低時約有二五〇萬，最高時約五〇〇萬，平均大約是四三〇萬。這種節目有這麼多的觀眾，大概只有法國才有可能。美國的 *Time* 或 *Newsweek* 在兩三年前曾經報導分析過這個現象，但他們覺得這類的節目在美國是不可能的。義大利也曾想模仿，但胎死腹中。臺灣的劉光能教授曾經親訪畢沃，詳情曾刊在《聯合報》的副刊上，對畢沃的節目、製作過程、基本原則有相當深入的獨家報導。

畢沃主持了這個節目長達十五年，每星期都因此而繃得過緊，而且也犧牲了他自己許多生活上的樂趣。在此節目即將結束時，加利馬（Gallimard，法國知識界的出版龍頭）出版社的一位資深編輯諾哈（Pierre Nora）問他是否可以讓他有一次深入的訪談。諾哈在巴黎知識圈內是一位重要人物，他是高等社會科學研究院的歷史學教授，同時也是加利馬出版社內好幾項歷史學叢書的主編，傅柯（Foucault）的《詞與物》、《性史》都是在他主編的叢書內出版的。此外，他也主辦一份雙月刊《爭論》（*Le Débat*），是文化、知識性方面的雜誌，他就是以《爭論》主編的身份和畢沃接洽訪談事宜的。

畢沃早年有好幾次投稿給加利馬出版社都被退稿，現在情勢正好反了過來，雖然他目前的名氣已經不需要出版社來添花，但這仍然是一項不小的誘惑。可是他不是那種會寫回憶錄型的人，而且他還自認爲「口語不佳」，所以協議是：諾哈用書面問題，畢沃也以書面回答。這樣一來一往了三個月，整理出來的結果先刊在《爭論》的十週年紀念版上（五～八月號，No. 60, pp. 157~187），畢沃自己也以ＡＢＣ字母順序，挑出幾件重要的事與一些人名，每則寫五、六行到一頁不等，刊登在他自己主辦的《讀書》（*Lire*）月刊上（六月版）。所得到的反應出奇的好，因爲大家對這個節目已有長久深厚的感情，大家也能猜測到這項空前（也可能絕後）受歡迎的讀書節目背後，必定有許多電視上所見不到的複雜過程與感人情節，如果畢沃和諾哈能把他們的「對話」更完整的呈現出來，肯定受人歡迎。

在這種權力之下，這本書終於在一九九〇年十月出版了，正如預期的立刻登上排行榜，十二月再版，盛況仍依舊。臺灣近年來出版界發達得很快，傳播媒體也開始注意到讀書界這個市場，所以像畢沃有這樣主持讀書節目的經驗，能由他現身說法，解說其中的辛酸甜美，必然對我們有所啟發，我想中譯本也大概會得到知識界與傳播界的歡迎。據我所知，本書中譯已經大致完工，譯者是旅居巴黎多年的學術工作者，她對這個節目相當熟悉，對書中的人物、時事背景也有多年的見聞。她把譯此書當作專學研究之外的「平衡活動」，並且譯注出時事與人物的背景，對中文讀者而言，這是一項親切的服務。讓我們期待此書中譯本早日問世。

一九九二・二・十六《自立早報》

# 後記

這本書的名稱是取自一九八七年八月在《中國論壇》（二四卷九期）刊登的一篇千字短文，因爲它的內容與論點已融入其他幾篇類近的文章內，所以就沒必要重複了。之所以選此篇名當書名，是因爲我認爲近四十年來臺灣經濟發展的一大特色，可以說是重商主義的現代版本；臺灣經濟所遭遇到的窘境，大部分也都在十七世紀歐洲重商主義的學說中就指點出來過了。

本書所收印的文章，除了第一篇書評之外，都是我在一九八五年初從歐洲返臺教書，到一九九二年初的七年之間所寫的。在大致區分的四類文章中，各篇大致是以發表的時間來排序。

這一段七年的時間，對我而言是一個重要的階段。現在的我，當然無法和胡適之一樣寫《四十自述》，但我卻開始體會他所說的「過河卒子」的心情。回想起來，我從一九七九年底出國到一九八四年底爲止，在法、比留學的那五年之間，在知識上快速的成長，好像是從小學長到了高中畢業的程度。在那個階段內，除了知識理解上的進步之外，歐洲的人事物也給了我深刻的印象。

一九八五年初到一九九二年初，是我專業工作上的第一個階段，也可以說是求生存的階段，教學與研究工作壓力之大，以及時而的挫折低落感，現在回頭看去，也不知自己是如何撐過來的。這個階段，在知識上大概可以算是大學畢業了：弄清楚了自己的能力與限度，也大致釐清了自己日後的研究領域與路線，這可以算是第二階段的學習。在這階段內，我也變得比較不那麼的青澀、多刺與燥動。

這七年的快速成長期當中，在專業工作上我必須感謝清華所提供的環境：最少的授課時數、自由的教學研究、方便的圖書館、幾近免費的宿舍，以及因而所免除的交通時間與痛苦；更重要的是，校內理、工、生命科學學院的優秀成績，給我們人文社會學院所帶來的有效壓力。

在家庭方面，我也同樣的幸運。我的後勤部隊實在幫忙，使我在工作上更能完全投入，也使我能立刻舒緩。身心平衡是一件重要的事情，尤其對打算長期投入單一心智工作的人。

這段期間，我也寫了一些評論性的文章，都是有感而發，或是正好有事件、有對象、有資料才寫的。收在本書內的這些文章，可以說是課外活動，是偸出時間所寫的副產品。

一九九二年夏我得到哈佛燕京學社一年的研究獎助，從事一項西洋經濟思想史的專題研究：Adam Smith Across Nations。對我而言，這也是另一個開眼界的階段，可以算是第二次留學，意義重大。這一年之間，除了和家人得以在另一個文化裏生活、就讀、研究、旅遊之外，在專業上也增長了許多見聞。我在淸華的前七年之間，總算把自己弄淸楚了（而這也不是一件快速簡易的事），有了這個預備階段之後去哈佛，才能明確的知道自己要什麼。這一年的接觸與眼界的再度開闊，在知識上我就像是碩士班畢業了一樣。在專業工作上，我已經有了十年的準備，可以開始試著做低地短程的起飛，我知道我不可能飛得多高多遠，但總努力著想離地一下。

在知識耕耘的土地上，想在新領域裏播種揷秧，絕非我能力所及，所以我一直把自己界定在拾穗者的位置上。本書所收錄的，是我步入拾穗者第一個階段的拾獲物之一，提供給其他拾穗者（以及拾穗見習者）分享。

一九九二年十月三十日校後

哈佛燕京學社

# 三民叢刊書目

三民叢刊33

猶記風吹水上鱗

余英時 著

本書以紀念錢賓四先生的文字為主，賓四先生為一代通儒，畢生著作無不以重發中華文化之幽光為志。透過作者的描述，我們不僅能對賓四先生之志節與學術有深入的認識，並對民國以來學術史之發展有一概念。

三民叢刊34

形象與言語

李明明 著

藝術是以形象代替作者的言語，而在形象與言語之外，仍還有其他種種相關的問題。本書作者從藝術與時代、形式與風格、藝術與前衞、藝術與文化五個方面剖析西方現代藝術，使讀者能對藝術品本身及其相關論題有一完整的認識。

三民叢刊35

紅學論集

潘重規 著

本書為「紅學論集」的第四本。作者向來主張《紅樓夢》一書為發揚民族大義之書，數十年來與各方學者論辯，更堅定其主張。本書為作者歷年來關於紅學討論文字的總結之作，也是精華之所在。

三民叢刊36

憂鬱與狂熱

孫瑋芒 著

輕狂的年少，懷憂的中年，從鄉下的眷村到大都會的臺北，從愛情到知識，作者以詩意的筆調、鋪陳豐饒的意象，表現生命進程中的憂鬱與狂熱。以純藝術表現出發，而兼及反應社會脈動，不但樹立了獨特的個人風格，也為散文藝術開拓了新境界。

三民叢刊37

# 黃昏過客

沙究 著

「爲樸素心靈尋找一些普通相的句子」沙究在獲得時報短篇小說推薦獎時曾對他的寫作有如是的感言，他的作品就是最好的實踐。本書將帶領您從浮生衆相中探索人類心靈的面貌。

三民叢刊38

# 帶詩蹺課去

徐望雲 著

我們都或多或少的讀過現代詩，但對現代詩的了解卻很少，於是許多譁衆取寵的文字便假借現代詩的名義出現，讓「詩人」成爲一種笑話。本書以輕鬆的筆調、嚴肅的心情，引導讀者更接近、更了解現代詩。

三民叢刊39

# 走出銅像國

龔鵬程 著

「有筆有書有肝膽，亦狂亦俠亦溫文」，身處時代之中的讀書人，傾聽時代之聲，即使漠然獨立，又豈眞無關切奮激之情？看龔鵬程如何以慷慨纏綿之筆，爲當今的社會文化現象把脈，提出處斷的良方。

三民叢刊40

# 伴我半世紀的那把琴

鄧昌國 著

本書爲作者歷年來對工作及生活的感懷之作。作者以深厚的音樂素養和經歷，娓娓細訴生命中的點點滴滴。一把琴，陪伴走過半世紀的歲月滄桑，樂音寄託壯志，也撫平了激越胸懷。

三民叢刊41

## 深層思考與思考深層

劉必榮　著

本書收錄作者過去三年多在中國時報所發表的社論、專欄，以及國際現場採訪報導。不僅是世紀末的歷史見證，也代表了臺灣新一代知識分子，對國際局勢的某種思考與詮釋。

三民叢刊42

## 瞬　間

周志文　著

在本書蒐集的短論中，作者以敏銳的觀察來分析這個急遽變化的世界，試圖找尋一些既存於人類心靈的永恒價值，這些價值並不因現象世界的崩解而全然消失，反而藉著不斷的試煉、考驗而更具體地存在。

三民叢刊43

## 兩岸迷宮遊戲

楊　渡　著

本書收錄作者對兩岸關係一系列的分析報導。作者以新聞記者敏銳的觀察力，探索臺灣命運與前途，並試圖帶領大家由「統獨」「兩岸關係」的迷宮中走出來。

三民叢刊44

## 德國問題與歐洲秩序

彭滂沱　著

近一世紀來，德國的興衰分合不僅影響了歐洲的政治秩序，也牽動了整個世局。本書以「德國問題」的本質爲經，以歐洲秩序的變化爲緯，探索一八七一年至一九九一年間德國與歐洲安全體系的關係。

三民叢刊45

# 文學關懷

李瑞騰 著

本書作者長期關懷文學的存在現象與發展趨向，十年來除學術性論述以外，更不時以短文形式直指文學現實。其所爲文，或論本質、或析現象、或記實踐，上下古今，縱橫馳騁。作者筆意凝練，文風篤實，本書六十幾篇短文皆有可觀者。

三民叢刊46

# 未能忘情

劉紹銘 著

充實的人生，不必帶有什麼英雄色彩或建立什麼豐功偉績。如果我們遇到難以忘情的機緣時，能够認識其滋潤生命的價值，人生就不會白活。本書作者卽以此爲觀點，記錄人生種種未能忘情的機緣巧遇，文字流暢而富感情，讀來著實令人著迷。

三民叢刊47

# 發展路上艱難多

孫震 著

本書回顧了過去五、六年間臺灣經歷的經濟、政治、社會等種種變局。作者衷心期望臺灣在經濟發展、社會富有之後，能建立一個富而好禮的社會，而不是熱中私利、踐踏他人尊嚴的貪婪社會。

三民叢刊48

# 胡適叢論

周質平 著

本書是作者最近三年來有關胡適研究的論文集。文中以胡適爲中心，對五四以來科學與民主思潮的內涵進行分析；對整理國故、民主與獨裁等論爭加以探討；並將胡適與馮友蘭、趙元任、魯迅做比較研究。期能爲研究胡適的學者提供一些方便。

三民叢刊49

# 水與水神

王孝廉　著

從泰國北部的森林到雲貴高原的村落……從漢民族到少數民族，從神話傳說到民俗信仰……行萬里路固然是爲了好玩和興趣，也爲了保存民族文化的精髓。本書爲作者近年來關於中國民族和人文的文字總集，深情與關懷俱在其中，值得細細品嘗。

國立中央圖書館出版品預行編目資料

重商主義的窘境／賴建誠著.--初版.
--臺北市：三民，民81
面　　公分（三民叢刊;51）
ISBN 957-14-1940-0（平裝）

1. 論叢與雜著-民國67年-（1978-　　）

078　　　　　　　　81006106



著　者　賴建誠
發行人　劉振強
著作財產權人　三民書局股份有限公司
印刷所　三民書局股份有限公司
地址／臺北市重慶南路一段六十一號
郵撥／〇〇〇九九九八——五號
初　版　中華民國八十一年十二月
編　號　S 85231
基本定價　肆元貳角貳分
行政院新聞局登記證局版臺業字第〇二〇〇號



ISBN 957-14-1940-0（平裝）